위험한 미래

위험한 미래

10년 만에 다시 오는 전 세계적인 경제 대위기

김영익 지음

한스미디어

머리말

모두에게 다가오는 위험한 미래, 탈출구는 어디에 있는가

일부 언론에서는 저를 '닥터둠Dr. Doom(비관적인 관점에서 예측하는 경제전문가)'이라 합니다. 그러고 보니 2007년부터 글로벌 경제와 금융시장을 전망하면서 제가 어두운 부분을 좀 더 강조했던 것 같습니다.

그러나 되돌아보면 한국 증권시장에서 제가 최고의 낙관론자인 때도 있었습니다. 저는 '증권사 직원이 1등 신랑감'이라는 말이 나올 정도로 증권시장이 호황을 보였던 1988년 증권회사에 입사해 주로 이코노미스트로 일했습니다. 경제성장률과 금리, 환율을 분석하고 전망하다가 나중에는 주식시장을 넘보기 시작했습니다.

2000년 말에는 다음해인 2001년 9월 주가가 크게 떨어질 것이라고 전망했는데, 우연히 9·11테러가 발생해서 주가가 폭락했습니다. 이후 저는 곧바로 주가가 상승할 것이라 주장했고, 주가는 그해 9월 472에서 연말에는 694까지 올라갔습니다(KOSPI 기준). 그 이후 각종 언론이 저를 '족집게 선생'이라는 표현까지 써가며 극찬해주었습니다. 2006년까지 저는 우리 주가가 지속적으로 상승할 것으로 내다보았고, 실제 주가는 그렇게 흘러갔습니다. 그러다가 2007년 미국에서 시작하는 금융위기가 전 세계를 휩쓸 것이라고 전망하면서 비관론자로 돌아섰습니다. 실제로는 제가 예상한 것보다 1년 늦게 미국에서 시작한 금융위기가 전 세계로 확산되면서 2009년 세계 경제는 침체에 빠졌습니다.

저는 이 책을 통해 조만간 어려운 시기가 다시금 다가올 것으로 예상합니다. 2008년 금융위기를 극복하기 위해 각국의 정책당국은 그 전례를 찾기 힘들 정도로 과감한 재정정책과 통화정책으로 대응했습니다. 그래서 세계 경제는 많이 좋아졌지만, 이 과정에서 각 경제주체가 부실해지는 결과를 낳았습니다. 선진국 정부부채가 국내총생산GDP의 100%를 넘어설 정도로 부실해졌고, 신흥국 특히 중국의 기업부채는 더 이상 지속할 수 없을 정도로 높습니다.

이제 부채에 의한 성장의 한계가 드러나고 있습니다. 지난 위기를 극복하는 과정에서 재정 및 통화정책이라는 무기를 다 써버렸습니다. 2009년 선진국 중심으로 세계 경제가 침체에 빠졌는데도 중국 경제가 9% 이상 성장하면서 글로벌 경제는 빠르게 회복될 수 있었습니다. "중국만이 자본주의를 구제한다"라는 말까지 나왔던 이유이기도 합니다. 그러던 중국 경제가 부실해졌습니다. 여기다가 미중 무역전쟁은 갈수록 더 심화할 가능성이 높습니다.

초저금리와 양적 완화로 풀린 돈이 각 자산 가격에 거품을 만들었습니다. 그런데 2016년 채권시장에서 거품이 붕괴되었고, 2018년 초에는 가상화폐 시장에서 거품이 발생했다 꺼졌습니다. 2018년 1월 말 이후 중국 주가가 25% 정도 하락했는데, 이제 주식시장에서도 거품 붕괴의 조짐이 나타나고 있습니다. 2019년에는 부동산시장마저 침체에 빠질 가능성이 높습니다.

앞으로 2년 정도는 부채에 의한 성장의 한계, 자산 가격의 거품 붕괴 현상이 지구촌 여기저기서 나타날 것으로 보입니다. 한 가지 다행스러운 점은 금융시장이 하락할 때에도 대응할 수 있는 금융상품이 많이 있다는 것입니다.

글로벌 경제와 금융시장을 장기적으로 보면 위기는 반복되었고, 그 위기 후 다시 성장했습니다. 문제는 위기에 미리 대비하고 위기 때 어떻게 대응했는가에 따라 개인, 기업뿐만 아니라 국가의 위치도 달라졌다는 것입니다.

이 책에서 저는 우리가 중국에서 금융을 통해 개인과 국가의 부를 늘릴 수 있는 기회가 오고 있다는 것을 특별히 강조하고 있습니다. 모쪼록 보다 많은 분들이 다가오는 위험한 미래의 실체를 인식하고 그 충격에 현명하게 대비할 수 있기를 바랍니다.

이 책은 여러 언론에 기고한 글을 수정하고 다듬고 보완한 것입니다. 공간을 제공해준 내일신문, 아시아경제, 아주경제, 이코노미스트 관계자께 고마운 마음 전합니다.

2018년 8월

김영익 드림

CONTENTS

2장
글로벌 환율전쟁과 주요 환율의 미래

3장
한국 경제의 현실과 진로

4장
0% 금리 시대의 충격

5장
남북 경협이 한국 경제에 미치는 영향

6장
주요 자산 가격의 향방

7장
인구 고령화 시대의 자산 배분

프롤로그

위기와 기회, 미리 보는 2020년 시나리오

미래는 현재 우리가 무엇을 하는가에 따라 달라진다.

- 마하트마 간디

언제나 그랬듯이, 위기는 기회와 함께 다가온다. 나는 이 책을 통해 다가올 경제위기를 경고하고 있지만, 우리가 겪어온 역사는 위기를 통해 잠재된 위험요소를 덜어내고 또 다른 성장을 해왔다. 결국 찾아올 고난의 시기라면 조금이라도 현명하게 대응하는 것이 중요하다.

다음은 2018년부터 2020년까지 미국과 중국, 한국의 몇몇 상황을 가상의 시나리오로 그려본 것이다. 개인적인 상상에 불과하지만 지금과 같은 환경이라면 이대로 흘러갈 가능성이 높다. 본격적인 본문의 내용으로 들어가기 전에 위기의 실체를 조금이나마 먼저 느껴볼 수 있기 바란다.

2018년 7월 6일: 미중 무역전쟁 시작, 금융전쟁으로 확산 가능

트럼프 시진핑 주석, 당신들이 우리 일자리를 너무 많이 빼앗아 가고 있어요. 중국은 2001년 세계무역기구WTO에 가입했지요. 그 이후 우리와의 교역에서 4조 4000억 달러를 벌어갔습니다. 이제 우리는 더 이상 참을 수 없습니다. 그래서 오늘부터 우선 당신네 나라에서 수입하는 545개 품목에 대해 25% 관세를 부과하기로 했습니다.

시진핑 존경하는 트럼프 대통령님, 매우 안타까운 일입니다. 우리는 협상 문을 열고 기다렸습니다만, 당신이 그런 결정을 내렸다면 우리도 맞대응할 수밖에 없군요. 미국에서 수입하는 농산물 등 340억 달러에 똑같은 관세를 부과하겠습니다.

트럼프 아니, 그동안 우리 위대한 미국에서 그만큼 돈을 벌어갔으면 이제 좀 써야 하지 않겠어요?

시진핑 월마트에 한번 가보십시오. 우리 중국 인민이 미국 소비자를 위해서 상품을 얼마나 싸게 공급하는지 알 수 있을 것입니다. 당신네 무역적자가 그렇게 늘어난 것은 미국 국민들이 너무 많이 소비하고 있기 때문입니다. 최근 가계저축률을 보니 2008년 금융위기 이전 수준으로 떨어졌더군요.

트럼프 국민들의 소비를 어떻게 막을 수 있겠어요. 그것보다는 당신네 중국이 너무 빨리 크고 있어요. 듣자하니 이제 금융강국, 군사강국을 추구하고 있다면서요.

시진핑 미국 달러라는 기축통화가 부럽기는 하지요. 지켜보니 미국이 30센트 비용을 들여 100달러 지폐를 찍어내고, 그 돈으로 옷도 사고 신발도 사더군요. 심지어는 무기까지 생산해 세계 경찰 노릇을 하고 있지 않나요.

트럼프 어쨌든 경제력이나 군사력에서 중국이 우리를 따라오는 것을 두고 볼 수는 없습니다. 우리가 중국에서 연간 5000억 달러 정도를 수입하고 있는데, 이를 다 직접 규제할 수도 있다는 것을 명심해주세요.

시진핑 매우 불행한 일입니다. 요즘 미국 물가가 올라서 연방준비제도이사회가 금리를 올리는 것으로 알고 있습니다만, 우리 상품에 그렇게까지 규제를 하면 물가가 얼마나 더 오를지 생각해보셨나요. 만약 당신이 거기까지 간다면 우리가 가지고 있는 1조 2000억 달러에 이르는 국채를 팔 수도 있습니다. 달러 가치가 떨어지면서 물가는 더 오를 것입니다. 어쩌면 달러라는 기축통화에 대한 신뢰가 무너질 수도 있습니다.

트럼프 금융전쟁까지 가자는 이야기군요. 중국이 금융강국을 달성하려면 외환시장과 자본시장을 충분히 개방해야 할 것입니다. 그러면 비정상적으로 낮은 금리가 오르면서 많은 기업과 은행이 무너질 것이고요. 우리가 중국보다 상품은 싸게 만들 수 없지만 금융에서는 세계 최대 강국이라는 것을 알고 있지요. 우리 므누신 재무장관도 골드만삭스 출신입니다. 한번 붙어보시지요.

2018년 7월 6일 오후 4시: A증권사 리서치센터

센터장 오늘부터 미중 무역전쟁이 본격적으로 시작되었습니다. 이제 우리 금융시장에 영향을 미칠 여러 요인들을 점검해보고 투자전략을 다시 짤 때입니다. 우선 투자전략팀장께서 어떤 요인들이 있는가를 살펴주시지요.

투자전략팀장 말씀하신 미중 무역전쟁과 더불어 미국의 금리 인상에 따른 달러 강세와 신흥시장 자금이탈이 글로벌 금융시장에 가장 큰 영향을 줄 것입니다.

센터장 수석이코노미스트께서는 미중 무역전쟁이 어떻게 전개될 것으로 보나요?

수석이코노미스트 얼마 전에 하버드대학의 그레이엄 앨리슨 교수가 쓴 《예정된 전쟁Destined for War》이라는 책을 읽은 적이 있습니다. 이 책을 보면 미중 무역전쟁은 패권전쟁으로 갈 가능성이 높습니다. 저자는 이 책에서 미국과 중국이 '투키디데스 함정'에 빠질 가능성이 높다고 보고 있는데요. 지난 500여 년 역사를 보니 신흥국이 강대국을 위협한 경우가 16번 있었는데, 이 중 12번 전쟁이 있었다 합니다. 중국이 경제적 측면에서 미국을 빠르게 추격하고 있고, 장기적으로 금융과 군사강국을 추구하고 있는 만큼 미중 문제는 무역전쟁에 그치지 않을 것 같습니다.

센터장 중국팀장께서는 최근 중국을 다녀오셨지요. 분위기가 어땠습니까? 2018년 1월 말 이후 중국 주가가 25% 폭락하는 등 주식시장에서는 심각하게 보는 것 같은데요.

중국팀장 현지에서는 파국까지 갈 가능성은 낮게 보고 있습니다. 미중 무역전쟁이 지구전일 것이지만, 결국 타협으로 파국을 막을 것이라는 이야기지요. 또한 무역전쟁이 중국 경제에 심각한 영향을 주지 않을 것으로 보는 시각도 많았습니다. 미국이 340억 달러 중국 수입상품에 관세를 부과했지만, 중국 수출에서 차지하는 비중이 1.5%로 낮고 특히 GDP에서 차지하는 비중은 0.3%에 불과하다는 것입니다. 그리고 서방 언론에서는 중국의 신용 리스크 확대로 국가부도설까지 언급하고 있지만, 올해 상반기 회사채 부도율도 0.26%에 지나지 않습니다. 중국 주가가 많이 떨어졌지만 8~9부 능선은 넘은 것 같습니다. 우리가 중국

내수 1등주를 계속 추천해왔는데, 이제 더 강하게 밀고 나가야 할 것 같습니다.

수석이코노미스트 아직은 이른 것 같습니다. 중국 기업이 자금을 조달할 때 직접금융보다는 간접금융을 더 활용했는데, 이것이 더 큰 문제입니다. 투자 중심으로 성장하는 과정에서 중국의 기업부채는 너무 높습니다. 부실은 한번 처리하고 넘어갈 수밖에 없다고 봅니다. 신용위기는 아직 오지 않은 것 같습니다.

센터장 미국의 금리 인상 문제는 어떤가요?

해외경제팀장 지난해 하반기부터 실제 GDP가 잠재 GDP를 넘어서면서 물가상승 압력이 높아지고 있습니다. 공급 측면에서 유가 상승도 물가 불안 요인입니다. 여기에다가 수입상품에 대한 관세 부과로 물가상승률이 더 높아질 것입니다. 2018년 하반기에도 최소한 두 차례 금리를 인상하고, 이는 달러 강세를 초래해 신흥시장에서 자금유출 규모도 커질 가능성이 있습니다.

센터장 이러한 여러 가지 요인을 고려했을 때, 고객들에게 어떤

자산배분전략을 제시해야 하나요?

자산전략팀장 미국 나스닥지수가 사상 최고치를 경신해가고 있습니다만, 나머지 주식시장은 1월을 정점으로 조정국면에 접어든 것 같습니다. '창과 방패' 전략을 추구해야 할 것입니다. 여기서 창이란 4차 산업관련 주식을 사는 것입니다. 물론 주식시장이 안정된 시기의 투자전략입니다. 방패는 미국 국채를 매수하는 것입니다. 달러 가치가 어떻게 될 것인지에 따라 투자 수익률이 달라지겠습니다만….

수석이코노미스트 적당한 투자전략이 아닌가 생각합니다. "시대에 당하지 말라"는 말이 있는데, 우리가 글로벌 경제나 금융시장 트렌드를 정확히 파악해야 할 것입니다. 2008년 글로벌 금융위기 이후 각국 정책당국의 과감한 재정정책과 통화정책으로 세계 경제가 회복된 것은 사실입니다만, 경제주체들이 부실해졌습니다. 예를 들면 미국 등 선진국은 정부부채가, 중국 등 신흥국은 기업부채가 너무 많이 늘었습니다. 우리나라는 가계부채가 급증한 나라고요.

이런 상황에서 초저금리로 각종 자산 가격에 거품이 발생했다가 하나씩 해소되는 과정이라는 사실도 고려해야겠습니다.

2018년 11월 8일: 미 중간선거에서 공화당 패배

트럼프 중간선거에서 우리가 졌습니다. 그 원인이 어디에 있다고 생각합니까?

참모1 대통령님의 지나친 보호무역주의에 대해 국민들의 반감이 나타난 것으로 분석됩니다. 우리가 중국 수입상품에 높은 관세를 부과했지만, 무역적자가 개선될 조짐이 아직 없습니다. 반면에 높은 관세로 수입상품 가격이 올라 소비자들의 구매력을 위축시키고 있습니다. 또한 물가 불안으로 연준이 금리를 올리면서 주가 등 자산 가격이 하락한 것도 국민들이 우리에게 표를 주지 않은 이유일 것입니다.

트럼프 중국과 무역 측면에서 협상할 것이 있는지 관계자와 협의해주시기를 바랍니다. (이 소식이 알려지면서 2018년 11~12월 세계 주식시장은 안도 랠리를 보였다.)

2019년 4월 25일: 미국, 중국을 환율조작국으로 지정

〈미국 워싱턴〉

트럼프 우리가 관세를 부과하는 등 중국으로부터 수입을 규제하고 있습니다만, 대중 무역수지 적자가 거의 개선되지 않고 있습니다. 우리 물가만 오르는 부작용이 있는 것 아닌지요. 시장의 힘으로 해결할 수 있는 방법은 없을까요?

재무장관 우리 미국만 금리를 올리다보니 달러 가치가 오르고 있습니다. 달러 가치 상승이 물가안정에는 다소 도움을 주지만, 수입을 더 증가시키고 있습니다. 환율을 조정해야 합니다.

트럼프 어떤 방법이 있나요?

재무장관 우리에겐 'BHC법안'**이 있는데요, 중국을 환율조작국으로 지정하여 직접적으로 기업금융을 통제할 수 있습니다. 중국이 세 가지 조건 중 하나(대미무역 흑자가 200억 달러 초과)만 충족하고 있습니다만, 방법을 찾아보겠습니다.

〈중국 베이징〉

시진핑 미국이 우리를 환율조작국으로 지정했습니다. 어떻게 대응해야 할까요?

국무원총리 미국이 원하는 것은 우리 위안화 가치의 상승입니다. 우리 경제는 자본주의 시장에 진입한 1978년 이후 매년 10% 정도 성장했습니다. 그동안 투자와 수출 중심으로 성장했는데, 이제 소비 중심으로 성장 구조를 바꿔야 할 시기입니다. 우리 1인당 국민소득이 1만 달러에 접근해가고 있기 때문에 소비 중심의 성장이 가능합니다. 우리 위안화 가치가 오르면 성장 구조가 더 빠르게 바뀔 것입니다. 이 기회에 우리가 보유하고 있는 1조 2000억 달러에 이르는 미 국채 일부를 파는 것도 고려해야 할 것입니다.

시진핑 미 국채를 팔면 글로벌 금융시장이 매우 불안해지고,

- 1998년 2월 '교역촉진법'이 발효되었는데, 이 법안을 공동 발의한 마이클 베넷(B)·오린 해치(H)·톰 카퍼(C) 상원의원 머리글자를 따 'BHC법안'이라 한다. 이 법안에 근거해 미 재무부는 매년 4월과 10월에 환율보고서를 작성하여 의회에 보고하는데, 다음 세 가지 조건에 해당하면 미국이 상대국을 환율조작국으로 지정할 수 있다. ① 대미 무역수지 흑자가 200억 달러 이상, ② 경상수지 흑자가 국내총생산(GDP)의 3% 이상, ③ 외환시장 개입 규모가 GDP의 2% 이상.

미 달러 가치와 국채 가격 하락으로 우리가 입는 피해도 클 텐데요….

국무원총리 물론 창문을 열면 파리도 들어옵니다. 그러나 우리는 위안화 국제화를 포함한 금융강국을 추구하고 있습니다. 우리가 미 국채를 매도한다고 하면, 우리 다음으로 미 국채를 많이 보유하고 있는 일본 같은 나라도 손실을 줄이기 위해 같이 대응할 것입니다. 그러면 달러 가치가 폭락하고 달러의 기축통화 역할이 축소될 것입니다. 이 기회를 활용하여 우리 자본시장과 외환시장을 자유화하면 우리 위안화 위상을 높일 수 있을 것입니다. 내부적으로는 소비 중심으로 성장하는 계기를 더 촉진할 수도 있고요.

시진핑 그럼 오늘부터 시작해보시지요….

2020년 6월 3일: A증권사 리서치센터, 중국의 본격적인 구조조정

센터장 중국 주가(상하이종합지수)가 2000선이 무너졌습니다. 우리 회사가 특별히 중국 주식을 많이 팔았는데, 고객들의 원성이 높습니다. 폭락 원인이 어디에 있고, 앞으로 어떻게 대응해야 할까요?

중국팀장 우선 낙관적 전망을 해서 죄송합니다. 세 마리 회색 코뿔소가 함께 왔습니다. GDP 대비 168%에 이르는 기업부채 문제가 터졌고, 부동산 거품 붕괴와 함께 GDP 대비 60%가 넘는 그림자금융 문제도 정부 통제가 불가능해졌습니다. 역시 공산당 정부가 시장을 이기지 못하는군요.

센터장 그동안 수석이코노미스트께서 우려했던 문제가 한번에 터진 것 같습니다.

수석이코노미스트 이번 위기로 기업과 금융회사들이 부실을 털고 새롭게 성장할 것입니다. 그다음 중국 경제가 최소한 5년 이상은 소비 중심으로 안정적 성장을 할 것으로 보입니다. 이제 우리가 중국에서 금융으로 국부를 늘려야 합니다. 저는 제 금융자산 상당 부분을 중국 내수 소비재 펀드에 넣겠습니다. 우리가 그동안 중국의 내수 1등 우량주를 추천했는데, 이제 더 강하게 주장해야 합니다. 심층자료를 만들어 국민연금 등 기관투자가에도 적극적으로 권유해야 합니다. 금융으로 중국에서 개인, 나아가서는 국가의 국부를 늘릴 기회를 놓치지 말아야 합니다. 금융인으로 사명감을 갖고 대응할 필요가 있습니다.

1장

세계 경제,
파티는 끝났다

01

부채에 의한 성장, 한계가 드러나고 있다

2008년 미국에서 시작한 글로벌 금융위기를 극복하기 위해 주요 국가들이 재정 및 통화정책을 적극적으로 운용했다. 그 결과, 세계 경제는 회복되었으나 각 경제주체들이 부실해졌다. 이제 부채에 의한 성장의 한계가 드러나고 있으며, 세계 경제는 2009년보다 더 큰 위기를 겪을 수도 있다.

:: 적극적인 재정과 통화정책으로 세계 경제 회복 ::

2008년 미국에서 발생한 금융위기가 전 세계로 확산되면서 2009년 세계 경제는 선진국 중심으로 마이너스(-) 0.4% 성장을 기록했다. 1982년 '2차 오일쇼크' 후유증으로 세계 경제가 침체에 빠졌던 이후 처음으로 마이너스 성장을 한 것이다.

경제위기를 극복하기 위해서 각국 정부는 우선 재정지출을 크게 늘리는 것으로 대응했다. 또한 미국을 중심으로 선진국 중앙은행은 정책금리를 거의 0%까지 인하했고, 비정상적 통화정책인 양적 완화를 통해 천문학적인 돈을 풀었다. 이에 따라 국내총생산GDP을 구성하는 정부 지출이 증가하고 소비와 투자도 늘면서 경기가 회복되었다. 특히 미국 경제는 2017년 하반기부터 산출물 갭(=실제와 잠재 GDP의 퍼센트 차이)이 양(+)으로 전환되면서 인플레이션 압력이 나타날 정도로 빠르게 회복되었다.

:: 선진국 정부의 부채 급증 ::

그러나 이 과정에서 정부가 부실해졌다. 국제결제은행BIS

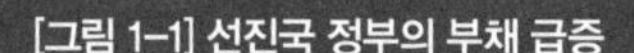
[그림 1-1] 선진국 정부의 부채 급증

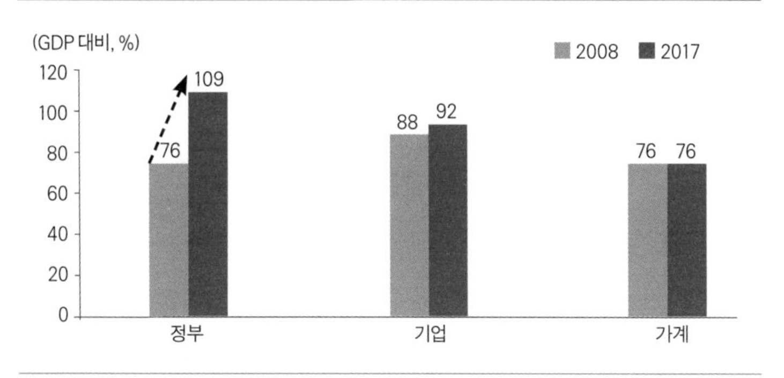

▶ 2017년은 3분기 기준. 자료: 국제결제은행

에 따르면 2008년 선진국 정부부채가 GDP의 76%였는데, 2017년 3분기에는 109%로 크게 늘었다. 신흥국 정부부채도 같은 기간 31%에서 49%로 증가했는데, 특히 브라질의 경우에는 62%에서 82%까지 올라와 매우 위험한 상태에 이르렀다. 남아프리카공화국의 정부부채도 같은 기간 28%에서 55%로 급격하게 증가했다.

:: 신흥국, 특히 중국의 기업부채는 위험 수준 ::

경제위기를 극복하는 과정에서 선진국 정부가 부실해졌다면,

신흥국의 경우에는 기업이 부실해졌다. 2008년 신흥국의 기업 부채가 GDP에서 차지하는 비중이 56%였으나, 2017년 9월에는 104%로 두 배 가깝게 늘었다. 특히 중국의 기업부채가 가장 빠르게 증가했다. 같은 기간 중국의 기업부채가 GDP에서 차지하는 비중이 96%에서 163%로 급증한 것이다.

2009년 미국 등 선진국 경제가 마이너스 3.5% 성장했는데, 중국 경제는 9.2%나 성장했다. 그러나 중국 경제가 고성장을 한 것은 차입에 의한 기업의 투자 증가 때문이었다. 2009년 고정투자가 GDP에서 차지하는 비중이 46%였는데, 세계 평균인 22%보다 두 배 이상 높았다. 기업들이 투자를 늘려 경제성장에 크게

[그림 1-2] 신흥국 기업의 부채 급증

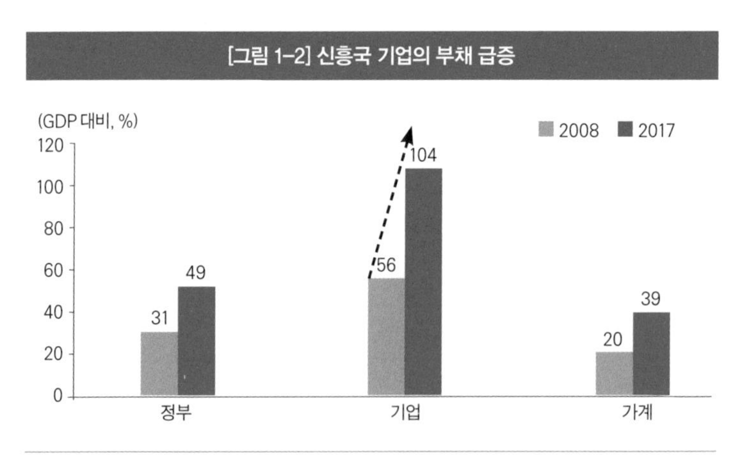

▶ 2017년은 3분기 기준. 자료: 국제결제은행

기여했지만, 이제는 기업이 부실해진 것이다.

중국 이외에 기업부채가 눈에 띄게 늘어난 나라는 터키인데, 같은 기간 기업부채가 GDP의 36%에서 67%로 증가했다.

한국은 가계부채가 가장 빠르게 늘어난 나라 중 하나이다. 2008년 GDP의 74%였던 가계부채가 2017년 3분기에는 94%로 증가했다. 같은 기간 선진국의 가계부채는 76%를 유지했고, 신흥국은 20%에서 39%로 늘었다.

:: 부채에 의한 성장, 한계를 드러내다 ::

이제 부채에 의한 성장의 한계는 취약한 국가부터 그 모습을 드러내고 있다. 이것은 2018년 들어 브라질, 터키, 남아공의 경제가 어려워지고 있는 까닭이다.

그러나 더 큰 위기는 미국과 중국에서 올 것이다. 미국의 연방준비제도이사회가 2015년 12월부터 2018년 6월까지 금리를 7차례 인상했고, 또 2018년 하반기에도 2차례 이상 올릴 것이라고 예상할 만큼 현재 미국의 경제는 호황이다. 그러나 금리 인상이 시차를 두고 소비와 투자를 위축시킬 것이다. 미국 경제를 예측하는 데 유용한 지표 중 하나로 사용되는 장단기 금리 차이가 축소되는 등 경기 침체 확률이 점차 높아지고 있다(이에 대해서는 1장의 〈5. 미국 경기, 정점에 근접하고 있다?〉에서 좀 더 자세히 살펴볼 것이다).

2018년 상반기에 브라질에 이어 중국의 주가가 가장 많이 떨어졌는데, 이는 다가올 중국의 부실기업과 은행의 구조조정을 예고해주고 있다. 중국 경제가 고성장하면서 2008년 글로벌 금융위기 때도 세계 경제의 극심한 침체를 막아주었다. 그러나 이제 중국마저도 구조조정의 대상이다. 여기다가 초저금리와 풍부한 유동성으로 각종 자산 가격에 거품이 발생했는데, 채권에서 주식과 부동산의 순서대로 거품이 해소되는 과정이 전개되고 있다. 지난 위기를 극복하는 과정에서 재정 및 통화정책이라는 무기도 다 써버렸다. 그래서 다음의 경제위기는 2009년보다 더 깊을 뿐더러 극복하는 데도 더욱 많은 기간이 걸릴 것이다.

02

유동성 잔치가 끝나고 있다

2008년 글로벌 금융위기를 극복하는 과정에서 풀린 유동성으로 각종 자산 가격에 거품이 발생했는데, 그러한 거품이 이제 하나둘씩 꺼져가고 있다. 자산 가격 하락이 실물경제에 전이되면 2019~2020년 세계 경제는 이전보다 더 큰 위기를 겪을 수도 있다.

2008년 금융위기로 경제가 침체에 빠지자 선진국 중앙은행이 정책금리를 거의 '0%'까지 인하하고 비전통적 통화정책인 양적 완화를 통해 천문학적인 돈을 찍어냈다. 2017년 말 미국의 본원통화가 3조 8510억 달러로 2007년 12월 8372억 달러보다 3.6배나 증가했다. 같은 기간 동안 일본의 본원통화는 4배 늘었고, 유럽중앙은행ECB도 돈을 2.7배나 공급했다(참고로 한국의 본원통화는 1.8배 증가하는 데 그쳤다).

이러한 유동성이 여러 자산 가격에 거품을 초래했다. 2016년에는 미국의 10년 국채수익률이 1.36%까지 떨어져 사상 최저치를 기록했다. 당시 일본 국채(10년)수익률은 마이너스(-) 0.28%였고, 독일의 국채수익률도 (-)0.19%였다. 명목금리가 마이너스가 된 것은 경제이론으로 설명할 수 없다. 이는 채권가격에 큰 거

[그림 1-3] 주요 선진국 국채수익률 추이

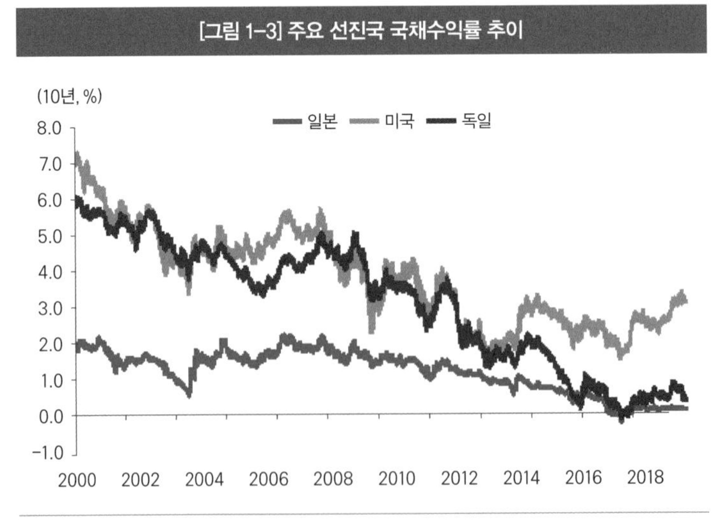

▶ 10년 국채수익률 기준. 자료: Bloomberg

품이 발생했기 때문이다. 그러나 2018년 4월에는 미국의 국채수익률이 3%까지 상승하는 등 채권가격의 거품이 붕괴되었다.

2018년에는 비트코인으로 대표되는 가상화폐의 거품이 꺼졌다. 그해 1월에 2300만 원을 넘어섰던 비트코인 가격이 7월에는 700만 원대로 급락했다.

다음으로 주식시장의 거품이 붕괴되는 조짐이 나타나고 있다. 2018년 1월 말 이후 10일 사이에 미국의 주요 주가지수가 10% 떨어지는 등 선진국 주가가 크게 하락했다. 특히 중국 주가(상하이종합주가지수)는 1월 말에서 7월 초 사이에 25%나 떨어져 세계

[그림 1-4] 한국·미국·중국의 주가 추이

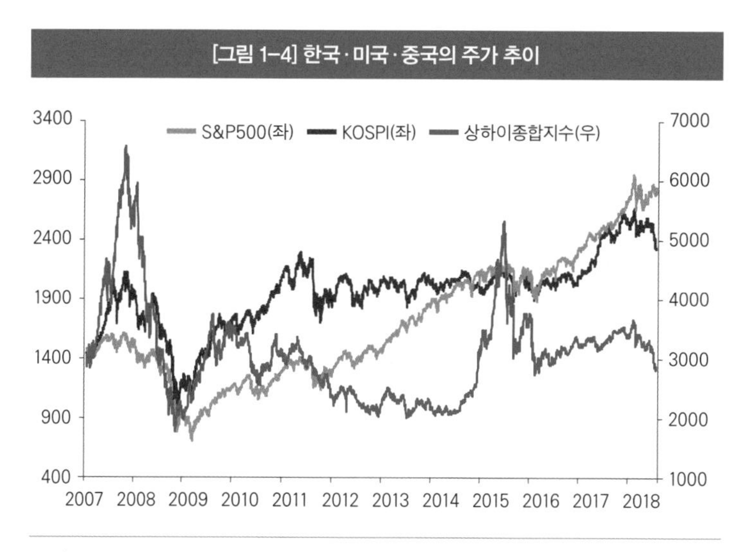

▶ 자료: Bloomberg

주요국에 비해 하락률이 가장 컸다.

2009년 하반기 이후 지속되고 있는 경기회복을 바탕으로 세계 주요국의 주가가 올랐지만, 풍부한 유동성 때문에 주가는 경기를 지나치게 앞서갔다. 필자가 산업생산, 소매판매, 고용 등 주요 경제지표로 회귀분석을 해보면 미국 주가는 2018년 1월 말 기준 30% 정도 과대평가되었다. 그 이후 주가가 하락하면서 6월에는 과대평가 정도가 22%로 줄었다. 다른 나라 주가도 다소간 차이는 있지만 마찬가지이다. 작은 충격에도 주가가 급락할 가능성이 높은 것이다.

주가의 거품이 꺼진 다음에는 중국 주택이나 미국 상업용 부동산도 가격 조정을 거칠 가능성이 높다. 이들 역시 남아도는 유동성 때문에 지나치게 많이 올랐기 때문이다.

문제는 자산 가격이 실물경제에 영향을 줄 수 있다는 것이다. 미국 소비함수를 추정해보면 주가지수(S&P500)가 10% 하락하면 소비가 0.3% 감소했다. 주택 가격은 소비에 미치는 영향이 더 크게 나타났는데, 집값이 10% 떨어지면 가계소비는 0.9% 줄었다.

2017년 미국의 가계저축률은 3.4%(2018년 1~5월 3.2%)로 2007년 3.0% 이후 가장 낮았다. 가계부채가 가처분소득의 100%가 넘은 상황에서도 미국 가계가 소비를 늘린 것은 주가와 집값 등 자산 가격 상승에도 그 원인이 있다. 미국 가계의 금융 자산 중 주식이 36%를 차지하고 있는데, 주가가 떨어지면 그만큼 소비가 위축될 수밖에 없다.

2009년에 미국의 금융위기가 전 세계로 확산되면서 세계 경제가 침체에 빠졌는데, 중국 경제는 투자 중심으로 9% 이상 성장했다. 고정투자가 국내총생산GDP에서 차지하는 비중이 2009~2014년에는 45%를 유지했는데, 세계 평균(22%)보다는 지나치게 높았다. 문제는 이 과정에서 기업부채가 크게 늘었고(2016년에는 GDP의 166%), 현재는 기업의 부실이 은행의 부실로 이어지고 있다는 점이다. 결국 구조조정을 한 다음에라야 중국 경제가 소비 중심으로 안정적인 성장국면에 들어설 수 있을 것이다. 중국 주가는 2018년 6월까지 가장 큰 폭으로 떨어졌는데, 주식시장이 다가올 기업과 은행의 구조조정을 선반영하고 있는 것으로 보인다.

미국의 소비와 중국의 투자 거품이 붕괴된다면 이들 국가의 다양한 자산을 싸게 살 수 있는 기회가 오겠지만, 그 이전에 리스크 관리를 철저히 해야 할 것이다.

03

미중 무역전쟁, 금융전쟁으로 확산되나

2018년 6월 15일 미국 트럼프 행정부는 500억 달러의 중국산 수입품에 25%의 관세를 부과하기로 하고, 7월 6일부터 1차로 340억 달러 규모의 545개 품목에 대해 관세를 매기기로 결정했다. 이에 중국은 곧바로 대응했다. 중국 국무원은 미국산 제품 659개 품목에 25% 관세를 부과하기로 했는데 이 중 농산품, 자동차, 수산물을 포함한 340억 달러의 545개 품목에 대해서는 7월 6일부터 관세를 매기겠다고 발표했다.

이런 상황에서 그레이엄 앨리슨 하버드대학교 교수가 쓴《예정된 전쟁Destined for War》이라는 책이 관심을 끌고 있다. 저자는 미중 두 나라가 무역전쟁에서 시작해 금융전쟁을 하고 결국에는 무력전쟁까지 할 수 있다는 시나리오를 제시했다. 그의 말대로 무력전쟁이라는 극단적 상황까지 가지는 않겠지만, 이들 두 강대국이 금융전쟁을 할 가능성은 무척 높아 보인다.

:: 미국과 중국, 투키디데스 함정에 빠져 ::

'투키디데스 함정'이란 새로 부상하는 세력이 지배세력의 자리를 빼앗으려고 위협해올 때 전쟁 등 극심한 긴장이 발생하는 상황을 의미한다. 앨리슨 교수에 따르면 지난 500년의 역사에서 신흥세력이 지배세력을 위협하는 경우가 16번 있었는데, 그 가운데 12번 전쟁이 발생했다. 16세기 전반 서유럽의 영토권 갈등으로 시작된 지배세력인 프랑스와 신흥세력인 합스부르크 간의 전쟁이나 20세기 중엽 아시아-태평양 지역의 제해권 및 영향력 다툼으로 발생한 미국과 일본의 전쟁 등이 그 사례이다.

이제 신흥세력인 중국이 기존 지배세력인 미국을 위협하고 있다. 중국은 무역 및 제조강국을 달성한 데 이어 금융강국, 나아가서는 군사강국을 계획하고 있다. 현재의 금융 및 군사강국인 미국이 중국의 성장을 잠자코 지켜보지만은 않을 것이다.

우선 경제력 측면에서 살펴보자. 세계 경제에서 미국 비중은 상대적으로 축소되고 중국 비중은 빠른 속도로 확대되고 있다. 2017년 미국의 국내총생산GDP은 19조 3621억 달러로 세계 GDP의 24.4%(미 달러 가격 기준)를 차지했다. 같은 해 중국 비중은 15.1%였고, GDP 규모는 11조 9376억 달러에 이르렀다. 2017년 한국의 GDP가 1조 5297억 달러로 겨우 1.9%를 차지하고 있는 것과 비교해보면, 미국과 중국이 세계 경제에서 얼마나

[그림 1-5] 세계 GDP에서 미국 비중 축소, 중국 비중 확대

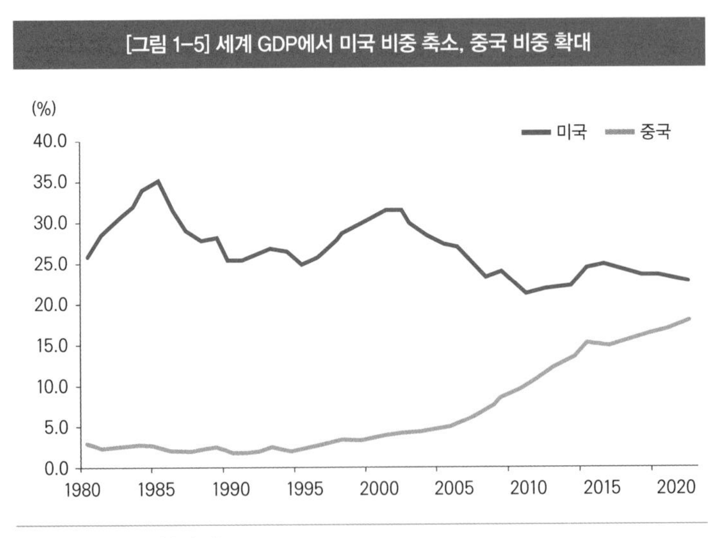

▶ 2018년 이후는 전망치. 자료: IMF

큰 역할을 하고 있는지 알 수 있다.

장기 추이를 보면 미국 GDP가 세계에서 차지하는 비중이 1985년 35.0%로 사상 최고치를 기록한 후, 2011년에는 21.2%로 낮아졌다. 2012년부터는 미국 경제가 상대적으로 높은 성장을 하면서 2017년에는 24.4%로 높아졌으나, 미국 경제 비중이 장기적으로 줄어드는 추세가 지속되고 있다.

이와는 달리 중국 경제가 세계에서 차지하는 비중은 지속적으로 커지고 있는데, 1985년 2.5%, 2001년 4.0%에서 2017년에는 15.1%까지 올라왔다. 2001년 미국 GDP에 비해서 12.7%였던 중국 GDP가 2017년에는 61.7%까지 상승했다. 이런 추세가 지속된다면 앞으로 10년 이내에 중국 GDP가 미국 GDP를 넘어설 것이다. 구매력평가기준 GDP로 보면 2014년부터 중국 GDP가 이미 미국을 앞질렀다.

:: 미국의 대중 무역적자 확대 ::

2001년 중국이 세계무역기구WTO에 가입한 이후 미국과 중국은 경제적 측면에서 상호 보완 관계를 가지면서 성장했다. 1990년대 중반 이후 정보통신혁명으로 미국 경제의 각 부문에서 생산성이 증가했고, 이는 총공급곡선을 우측으로 이동시켰다. 이에 따라 미국 경제는 고성장과 저물가를 동시에 달성했는데, 경제전문가들은 이를 '신경제' 혹은 '골디락스 이코노미'라 불렀다. 문제는 미국 가계가 신경제를 지나치게 신뢰하고 과소비를 했다는 데 있다. 미국 가계부채가 가처분소득에서 차지하는 비중은 1995년 말 90%에서 2001년에는 100%를 넘어섰고 금융위기 직전인 2007년에는 135%까지 상승했다.

미국 소비자들의 욕구는 중국이 채워주었다. 중국 생산자들이 저임금을 바탕으로 상품을 싸게 만들어 미국에 수출한 것이다. 이러한 대미 수출로 중국은 큰돈을 벌어들였다. 2001~2008년 8년 동안 중국의 대미 무역흑자는 무려 1조 4354억 달러에 이르렀다.

중국은 미국에서 번 돈의 상당 부분을 미국의 국채 매수에 사용했다. 중국의 미 국채 보유액은 2001년 786억 달러에서 2008년 7274억 달러까지 10배가량 증가했고, 외국인의 미 국채 보유에서 중국이 차지하는 비중이 7.6%에서 23.6%까지 올라가 중국은 일본을 제치고 미국의 최대 국채 보유국으로 등장했다.

이는 미국의 물가안정과 더불어 금리 하락을 가속화했고 주택 가격 상승을 부추겼다. 미국 소비자 입장에서는 중국이 상품을 싸게 공급해주고 금리까지 낮춰 집값을 올려주니 좋았고, 중국 생산자는 대미 수출로 돈을 벌 수 있어서 좋았다. 서로가 행복한 시절이었다.

:: 중국이 자본주의를 구제한다고? ::

그러나 문제는 이 과정에서 미국의 주택 가격에 거품이 생기고 가계가 부실해졌다는 것이다.

미국 20대 도시 주택 가격(케이스-실러 지수)은 2000년 1월에서 2006년 4월까지 두 배 이상 올랐다. 이러한 주택 가격 상승과 신경제에 대한 신뢰는 미국 가계의 무분별한 금융회사 대출과 소비로 이어졌다. 마침내 2007년 들어 주택 가격에 발생했던 거품이 붕괴(2009년 5월까지 32% 하락)되고, 결국 미국 경제는 2008년 금융위기의 고통을 겪어야 했다.

금융위기로 소비와 투자가 급격하게 위축되면서 미국 경제는 2008년, 2009년 연이어 마이너스 성장(각각 -0.3%, -2.8%)을 기록했다. 위기를 극복하기 위해서 미국 정책당국은 재정 및 통화정책을 적극적으로 운용했다. 우선 정부는 재정지출을 과감히 늘렸는데, 국채 발행을 통해서 이 자금을 조달했다. 이때 중국이 미국 국채를 상당 부분 매수해주었다. 2010년 중국의 미국 국채 보유금액은 1조 1161억 달러로 2007년(4776억 달러)에 비해 2.4배 증가했다.

한편 미 연방준비제도이사회는 연방기금금리를 거의 영(0)퍼센트까지 인하하고, 3차례 걸쳐 대규모의 양적 완화를 단행했다. 이에 따라 달러 가치가 떨어지고 중국 위안화 가치가 17%나 상승했다. 미국이 디플레이션 압력을 중국으로 수출한 셈이다. "중국만이 자본주의를 구제한다"는 말까지 나온 이유가 바로 여기에 있다.

:: 중국의 기업부채 급증 ::

이러한 과정을 거치면서 중국 경제가 과잉투자로 부실해졌다. 2009년 글로벌 금융위기로 선진국 경제가 마이너스(-) 3.5%(세계 경제 전체는 -0.4%) 성장해 침체에 빠졌는데, 중국의 경제성장률은 9.2%로 매우 높은 수준이었다. 당시 중국 정부는 기업에 투자를 유도해 고성장을 달성했다. 중국 GDP에서 고정투자가 차지하는 비중은 2000년 35%에서 2008년 44%(2011년 48%)로 급등했다. 세계 평균이 22% 정도인 것을 고려하면, 중국 기업들이 얼마나 많은 투자를 했는지 짐작할 수 있다.

문제는 투자 중심으로 성장하는 과정에서 중국의 부채, 특히 기업부채가 크게 늘었다는 데 있다. 중국 정부와 민간부문의 부채가 GDP에서 차지하는 비중은 2008년 169%에서 2017년에는 300%를 넘어섰다. 특히 기업부채가 같은 기간 GDP의 92%에서 163%로 증가했다. 중국 기업이 주로 간접금융을 통해 자

[그림 1-6] 중국 부채의 급증

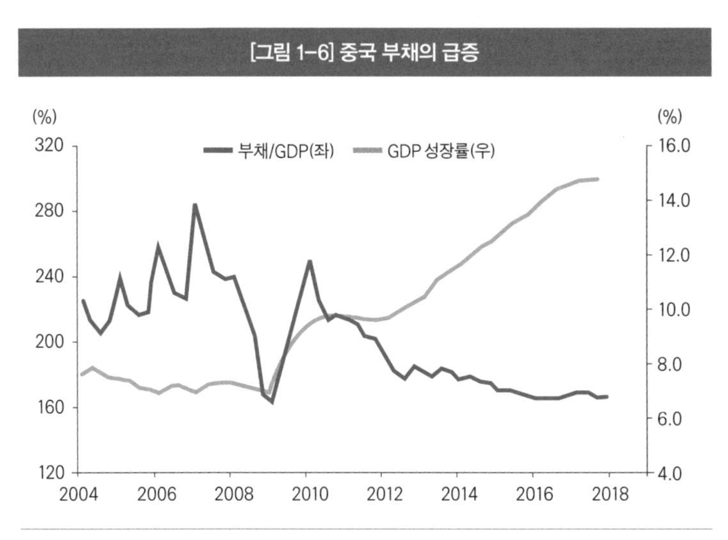

▶ 자료: 국제결제은행(BIS)

금을 조달했기 때문에 기업의 부실은 곧 은행의 부실일 수밖에 없다. 최근 국제통화기금IMF도 2007~2016년 늘어난 세계 부채의 43%를 중국이 차지했다고 지적하면서 중국 경제의 위험성을 경고한 바 있다.

기업들이 생산 능력은 크게 늘려 놓았는데 국내외 수요가 이를 뒤따르지 못하고 있다. 따라서 중국 경제에도 심각한 디플레이션 압력이 나타나고 있다. 디플레이션 압력은 소비 등 수요가 증가하거나 기업의 구조조정을 통해 생산 능력이 감소해야 해소될 수 있다. 이를 위해 중국 정부는 소비 중심으로 경제성장을 유도하고 있다. 중국의 1인당 국민소득이 8000달러를 넘어선 만큼 소비는 점차 늘 것이다. 그러나 기업투자와는 달리 가계소비는 서서히 증가한다.

:: 미중 무역전쟁 ::

미국 경제가 금융위기를 겪었던 2009년 대중 무역수지 적자가 2269억 달러로 2008년 2680억 달러보다 약간 줄었다. 그러나 그 이후 미국 경제가 소비 중심으로 회복되면서 무역수지 적

[그림 1-7] 미국의 대중 무역적자 확대

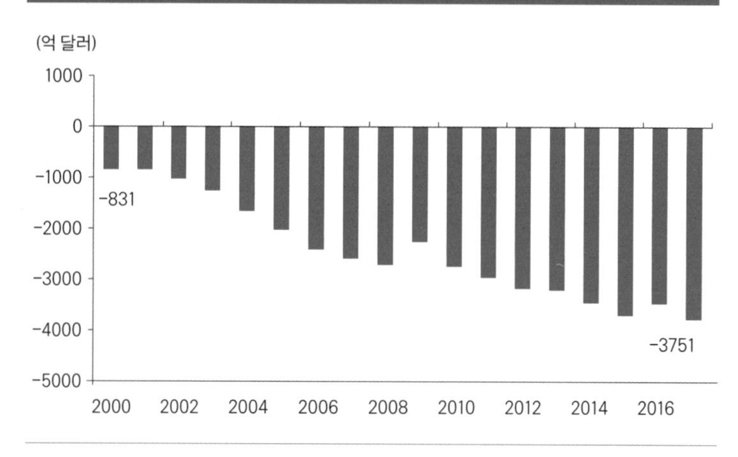

▶ 자료: 미 상무부

자가 다시 확대되고 있다. 2017년 한 해만 하더라도 미국의 대중 무역적자는 3752억 달러에 이르렀다(2001~2017년 누적적자는 무려 4조 3793억 달러였다).

결국 미국은 중국을 상대로 무역전쟁을 시작했다. 우선 미국은 2018년 6월부터 2년 동안 매년 1000억 달러씩(총 2000억 달러) 중국의 대미 무역흑자를 줄이라고 요구하고 있다. 또한 미국은 '중국제조 2025'와 관련된 산업인 로봇, 항공우주, 전기차 등 전략 산업에 대한 중국 정부의 지원금을 모두 폐지하고 미국이 부과하는 수준 이하로 중국의 관세율을 낮출 것을 요구하고 있다. 그렇지 않으면 미국은 대중 수입상품에 높은 관세를 부과하는 등 직간접적으로 수입을 억제하겠다는 것이다.

그러나 이런 조치로 미국의 대중 무역수지 적자가 크게 줄어들 가능성은 낮다. 미국이 무역수지 적자국이고 중국이 흑자국인 것은 근본적으로 각국의 저축과 투자의 차이에 기인한다. 국민소득 결정식에서 정부가 균형예산을 편성한다면 저축과 투자의 차이는 수출과 수입의 차이와 같다. 한 나라 경제에서 저축이 투자보다 많으면 그 나라는 무역수지 흑자국이고, 그 반대의 경우는 적자국이 되는 것이다.

국민소득 결정식: 소비 + 투자 + 정부지출 + 수출 = 소비 + 저축 + 조세 + 수입

중국은 저축이 투자보다 높은 나라이기 때문에 무역수지 흑자국일 수밖에 없다. 2001~2017년 동안 중국의 국내투자율은 43%로 매우 높지만, 총저축률은 47%로 이보다 더 높다. 이 4% 포인트의 차이만큼 중국이 무역수지 흑자를 냈던 것이다.

이와 달리 미국의 경우는 국내투자율(21%)이 총저축률(17%)보다 4%포인트 높아 무역수지가 적자를 기록할 수밖에 없었다. 미국의 무역수지 적자가 근본적으로 줄어들기 위해서는 미국 가

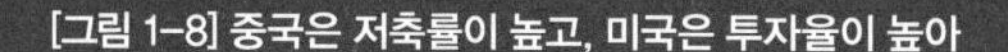
[그림 1-8] 중국은 저축률이 높고, 미국은 투자율이 높아

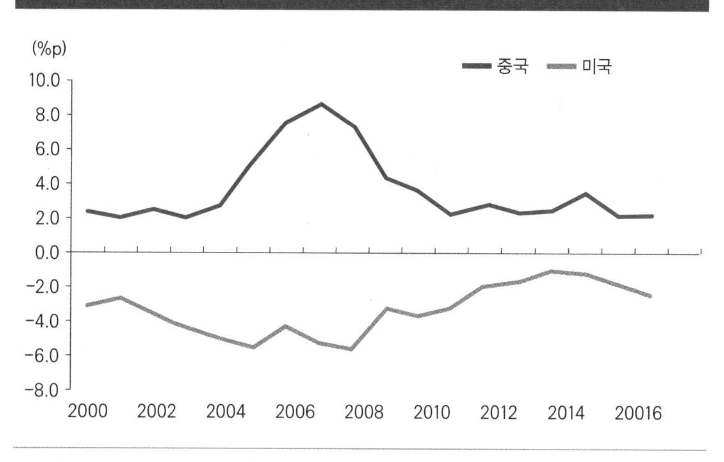

▶ 저축률과 국내투자율의 %포인트 차이. 자료: 한국은행 경제통계시스템(ECOS)

계가 소비를 줄이고 저축을 늘리든지 기업이 투자를 덜 해야 한다는 것이다. 이런 문제가 해소되지 않으면 미국의 대중 무역적자도 크게 줄어들지 않을 전망이다.

:: 중국 경제는 구조조정이 필요하다 ::

중국 경제가 중장기적으로 소비 중심으로 성장할 것이라는 데에는 이견이 없다. 그러나 투자와 달리 소비는 느리게 증가한다.

이러한 가운데 미국이 대중 수입을 규제한다면, 중국 경제에 내재해 있는 디플레이션 압력은 더 커질 것이다. 초과공급을 해소하기 위해 기업의 구조조정이 필요하다는 의미이다. 지난 20여 년 동안 중국 경제는 연평균 10% 성장했다. 이제 경제성장률이 6% 정도로 떨어졌고, 앞으로 2년 이내 4~5%로 추락할 수도 있다. 물론 경제 규모가 커지면 성장률은 낮아지는 것이 정상이다. 그러나 이 과정에서 기업 부실이 크게 늘어나고 구조조정을 할 수밖에 없다.

앞서 말했듯이 기업의 부실은 결국 은행의 부실로 이어진다. 기업과 은행이 부실해지는 과정에서 주가는 상승하기 힘들다. 2018년 들어 세계 주요국 주가 가운데 중국 주가가 가장 큰

[표 1-1] 중국 경제의 미래 시나리오

	중국 경제의 미래	특징
시나리오 1	안정성장 지속 Rebalance	• 투자에서 소비 중심으로 경제성장 구조 변화 • 소득 증가를 바탕으로 소비가 늘면서 공급 과잉 해소
시나리오 2	중진국 함정 Stagnate	• 구조조정 지연 • 인구 구조 고령화로 소비와 투자 활동 부진
시나리오 3	금융위기 Financial Crisis	• 그림자금융 문제가 터지면서 금융위기 • 금융회사에 대한 신뢰 저하(시장은 통제할 수 없다) • 경제 각 부문(특히 기업과 은행)에서 구조조정

▶ 자료: 김영익금융경제연구소

폭으로 하락하는 추세를 보였다. 이러한 시기에는 중앙은행의 발권력을 통해서 주식시장을 부양해도 그 효과는 일시적이다. 1989년 이른바 '12·12 증시안정대책'으로 한국은행이 시중은행을 통해 투자신탁회사에 2조 7000억 원을 투입했지만, 주가지수KOSPI는 1000에서 500으로 떨어진 것처럼 말이다.

:: 중국이 구조조정 과정에서 미 국채를 매도할 경우 큰 충격 올 수도 ::

기업 및 은행의 구조조정에는 대규모의 공적 자금이 필요하다. 일부는 중국 정부가 국채를 발행해서 조달하겠지만 구조조정 과정에서 숨겨진 부실이 더 드러날 것이다. 중국은 구조조정에 필요한 자금 중 일부를 보유하고 있는 미국 국채 매각을 통해서 조달할 수도 있다. 2018년 4월 기준 중국은 1조 1819억 달러의 미 국채를 가지고 있다.

중국이 미국 국채를 판다면 이는 글로벌 금융시장에 큰 충격을 줄 것이다. 중국은 그동안 제조(혹은 무역)강국을 추구했는데, 그 목표는 거의 달성했다. 2013년부터 중국의 수출입 규모가 미국을 앞지른 것이 이를 증명한다. 이제 중국 정부는 위안화 국제화를 포함한 금융강국을 목표로 내세우고 있다. 중국이 본격적인 구조조정을 하기 이전까지 위안화 가치가 하락할 수 있으나, 중국이 미국 국채를 매도한다면 미 금리는 급등하고 달러 가치가 급락할 전망이다. 글로벌 투자자들이 앞다퉈 미국 주식을 내다팔면서 주가도 폭락할 수 있다. 더 나아가 앨리슨 교수는 중국이 사이버공격을 통해 미국 금융회사를 혼란에 빠뜨릴 수 있다는 극단적인 시나리오까지 제시하고 있다.

[그림 1-9] 중국의 미 국채 보유 축소

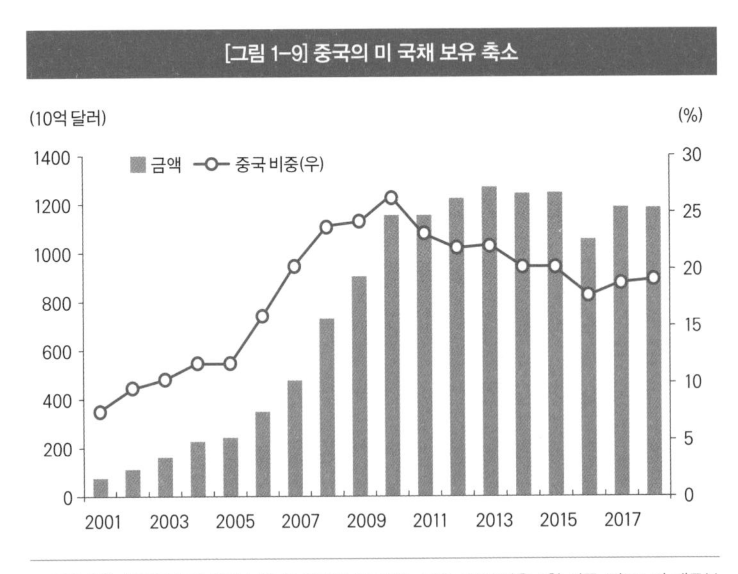

▶ 꺾은선은 외국인의 미 국채 보유 중 중국이 차지하는 비중, 2018년은 4월 기준. 자료: 미 재무부

결국 '미중 금융전쟁'이 현실화될 수도 있다는 것이다. 경제학자 케인즈는 "1000파운드를 빌리면 은행이 나를 좌우하지만, 100만 파운드를 빌리면 내가 은행을 좌우하게 된다"고 말했다. 부채가 클수록 힘의 무게중심이 채무자에게 있다는 이야기이다. 그러나 투자가 짐 로저스는 "역사적으로 전 세계의 헤게모니가 채무국으로 가는 경우는 없다. 헤게모니는 돈이 있고, 자산을 쥐는 쪽으로 움직인다"고 말했다. 장기적으로는 채권국인 중국이 글로벌 금융시장을 주도할 수 있다는 것을 시사하는 발언이다.

미국이 중국보다 경쟁력이 크게 앞서는 부문은 제조업이 아니라 금융을 포함한 서비스업이다. 미국은 중국의 금융시장 개방을 강력하게 요구할 것이다. 중국도 위안화 국제화를 포함한 금융강국을 추구하고 있기 때문에 외환 및 자본시장을 자유화할 수밖에 없다. 이러한 과정은 중국의 금리와 환율이 정상화하고 기업과 은행의 구조조정을 촉진하는 계기가 될 전망이다.

중국이 구조조정을 하는 동안 주식 등 각종 자산 가격이 급락할 가능성이 높다. 미국은 이 시기에 금융을 통해서 무역적자를 보충하려 할 것이다. 중국이 WTO 가입 이후 주로 미국과의 무역에서 국부를 늘렸으나, 중국이 글로벌 금융시장에 편입된 후에는 미국이 중국의 금융시장에서 금융을 통해 그들의 국부를 늘리게 될 것이다.

04

중국에서 금융으로 대한민국 국부를 키워야 한다

:: 중국의 구조조정, 한국 경제성장률 크게 낮출 것 ::

중국이 10%대의 높은 경제성장을 하는 과정에서 한국은 가장 큰 혜택을 본 나라 중 하나였다. 한국의 수출에서 중국이 차지하는 비중은 2000년에 10.7%였으나, 2018년 상반기에는 26.7%까지 올라갔다. 같은 기간 미국 비중은 21.8%에서 11.5%로 떨어졌다.

한편 2000~2017년 한국의 누적 무역수지 흑자는 6231억 달

[그림 1-10] 한국 수출에서 중국 비중 확대, 미국 비중 축소

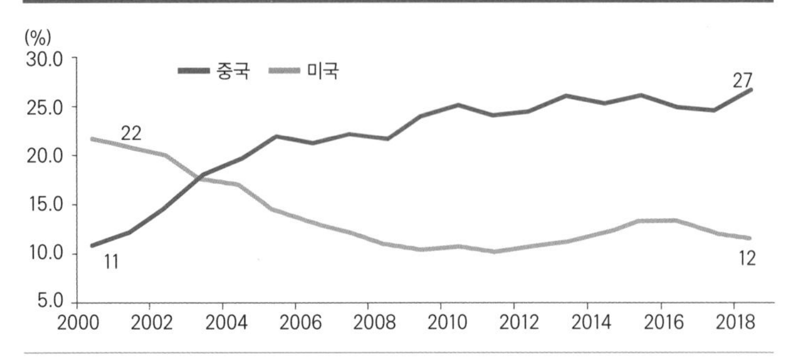

▶ 2018년은 상반기 기준. 자료: 산업통상자원부

[표 1-2] 한국의 국가(지역)별 수출 비중 비교: 중국 비중 증가

(억 달러, %)

	2000	2015	2016	2017	2018.1.1~6.20
총수출 증가율	1722.7 19.9	5267.6 -8.0	4954.3 -5.9	5736.9 15.8	2765.9 6.5
중국 수출증가율 비중	376.1 27.6 21.8	698.3 -0.6 13.3	664.6 -4.8 13.4	686.1 3.2 12.0	319.0 2.0 11.5
EU 수출증가율 비중	234.2 15.7 13.6	480.8 -7.8 9.1	466.1 -3.0 9.4	540.4 15.9 9.4	270.6 5.1 9.8
ASEAN 수출증가율 비중	201.3 13.7 11.7	748.2 -11.5 14.2	745.2 -0.4 15.0	952.5 27.8 16.6	458.4 6.4 16.6
일본 수출증가율 비중	204.7 29.0 11.9	255.8 -20.5 4.9	243.6 -4.8 4.9	268.2 10.1 4.7	142.9 16.0 5.2
중동 수출증가율 비중	75.9 18.6 4.4	304.1 -12.6 5.8	262.3 -13.8 5.3	243.8 -7.0 4.2	110.3 -4.9 4.0
중남미 수출증가율 비중	93.7 8.4 5.4	306.8 -14.5 5.8	254.4 -17.1 5.1	280.9 10.4 4.9	128.3 1.8 436

▶ 자료: 산업통상자원부

[그림 1-11] 한국의 대중 무역수지 흑자가 전체 흑자보다 많아

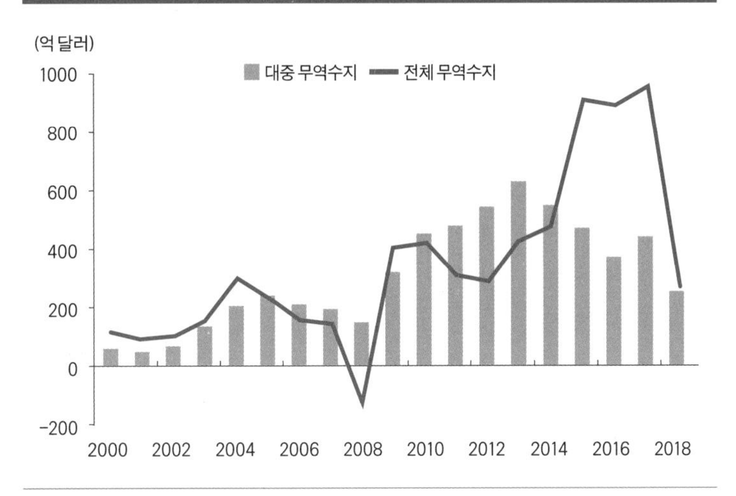

▶ 2018년은 상반기 기준. 자료: 산업통상자원부

러였는데, 대중 무역수지 흑자는 5535억 달러로 89%를 차지했다. 특히 2005~2014년(2009년 제외)에는 매년 중국 한 나라의 무역수지 흑자가 전체 무역수지 흑자보다 더 많았다.

중국의 구조조정 과정에서 소비와 투자가 위축되면서 경제성장률이 낮아질 것이기 때문에, 한국 수출의 중국 의존도가 높은 만큼 한국 경제는 타격을 받을 것이다. 현대경제연구원은 2019년 중국 경제성장률에 대한 다섯 가지 시나리오(2.4~6.4%)를 제시하면서, 이 경우 우리 수출과 경제성장률에 미치는 영향

[표 1-3] 중국 경제성장률이 한국 경제성장률에 미치는 영향

	중국 예상 경제성장률	한국 수출증가율 하락 압력	한국 경제성장률 하락 압력
시나리오 1	6.4%	0.3%p	0.1%p
시나리오 2	5.9%	1.1%p	0.3%p
시나리오 3	5.7%	1.4%p	0.4%p
시나리오 4	4.4%	3.9%p	1.2%p
시나리오 5	2.4%	8.8%p	2.7%p

▶ 자료: 〈차이나 리스크, 교역경로를 넘어선 중국 경제위기 전염 가능성에 대비하자〉, 현대경제연구원(2018.7)

을 분석했다. 이에 따르면 중국 경제성장률이 1%포인트 하락하면 한국 수출증가율과 경제성장률은 각각 1.6%포인트, 0.5%포인트씩 떨어졌다. 2019~2020년 중국 경제가 기업 및 은행을 구조조정하면서 경제성장률이 4~5%로 떨어질 가능성이 높은데, 그렇게 되면 우리 경제성장률도 1%포인트 이상 낮아질 가능성이 높다. 경제성장률을 결정하는 다른 요인이 일정하다면, 한국의 경제성장률은 앞으로 2년에 걸쳐 2% 안팎으로 떨어질 수도 있다는 의미이다.

:: 중국에서 금융으로 국부 늘릴 기회 ::

1997년 경제위기 이후 우리 경제에서 나타난 가장 중요한 특징 중 하나는 저축이 투자보다 많아졌다는 것이다. 이는 우리 국민들이 소비를 상대적으로 줄이는 가운데, 기업도 과거처럼 많은 투자를 하지 않는다는 의미다. 저축률과 국내투자율 차이는 경상수지 흑자로 나타난다.

[그림 1-12] 한미일의 경기순환과 자산 가격

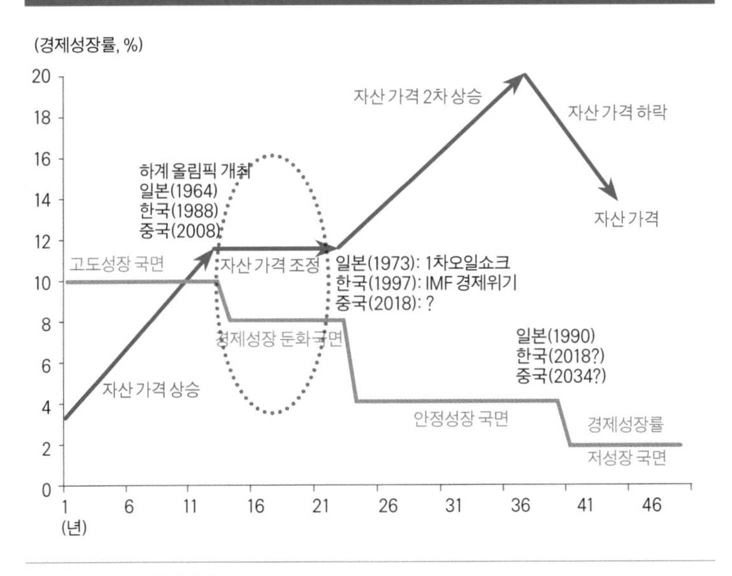

▶ 자료: 김영익금융경제연구소

2015년 우리 경상수지 흑자가 사상 처음으로 1000억 달러(2017년은 785억 달러로 축소)를 넘어섰다. 그런데 이 흑자가 금융계정을 통해 모두 해외로 나가고 있는데 주로 직접투자와 증권투자를 통해서이다. 여기에서 증권투자가 매우 중요하다. 경상수지 흑자는 대부분 상품수지 흑자 때문으로 우리 기업들이 땀 흘려 상품을 만들고, 이를 해외에 팔아 벌어들인 돈이다. 이 돈의 상당 부분이 해외 증권투자로 나가고 있는데, 만약 해외투자에서 손실을 본다면 우리 세대, 나아가서는 후손에게 큰 잘못을 저지르는 꼴이 될 것이다. 그래서 해외투자를 하는 연기금이나 금융회사의 역할이 과거 어느 때보다 중요하다.

중국이 구조조정을 하는 과정에서 자산 가격이 급락할 수 있다. 이때 한국은 경상수지 흑자로 벌어들인 돈으로 금융을 통해 중국에서 국부를 늘려야 할 것이다.

05

미국 경기, 정점에 근접하고 있다?

2009년 하반기 이후 미국의 경기 확장국면이 지속되고 있다. 지금까지 경기 확장을 이끌어 온 동인이 축소되면서 머지않아 미국 경기가 수축국면에 접어들 수 있는데, 이는 2019년 이후 세계 경제의 가장 큰 리스크 가운데 하나일 것이다.

[표 1-4] 미국의 기준순환일과 경기순환

순환	경기저점	경기정점	수축국면	확장국면	순환주기
제1순환	1900. 12	1902. 09	18	21	39
제2순환	1904. 08	1907. 05	23	33	56
제3순환	1908.06	1910. 01	13	19	32
제4순환	1912. 01	1913. 01	24	12	36
제5순환	1914. 12	1918. 08	23	44	37
제6순환	1919. 03	1920. 01	7	10	17
제7순환	1921. 07	1923. 05	18	22	40
제8순환	1924. 07	1926. 01	14	27	41
제9순환	1927. 11	1929. 08	13	21	34
제10순환	1933. 03	1937. 05	43	50	93
제11순환	1938. 06	1945. 02	13	80	93
제12순환	1945. 10	1948. 11	8	37	45
제13순환	1949. 10	1953. 07	11	45	56
제14순환	1954. 05	1957. 08	10	29	39
제15순환	1958. 04	1960. 04	8	24	32
제16순환	1961. 02	1969. 12	10	106	116
제17순환	1970. 11	1973. 11	11	36	47
제18순환	1975. 03	1980. 01	16	58	74
제19순환	1980. 27	1981. 07	6	12	18
제20순환	1982. 11	1990. 07	16	92	108
제21순환	1991. 03	2001. 03	8	120	128
제22순환	2001. 11	2007. 12	8	73	81
제23순환	2009. 06	–	18	?	?
평균			15	45	60

▶ 자료: NBER

:: 2009년 7월부터 108개월 경기 확장국면 ::

전미경제연구소NBER에 따르면 미국 경제는 2009년 6월을 저점으로 확장국면을 지속하고 있다. 2018년 7월까지 경기 확장이 108개월 지속되고 있는 셈인데, 1945년 이후 11번의 경기순환 중 평균 확장 기간인 58개월(1854년 33번의 순환에서는 38개월)을 훨씬 넘어섰다. 미국의 경기 확장국면이 이보다 긴 경우는 경기순환 역사상 단 한 번 있었는데, 정보통신혁명의 영향으로 120개월(1991.3~2001.3) 동안 미국 경기가 확장국면을 보인 바 있다.

현재 미국의 소비, 투자, 고용 등 각종 경제지표를 보면 앞으로도 몇 개월간 확장국면이 더 지속될 것이다. 그러나 경기 확장국면의 동인이 점차 약화되면서 120개월을 초과할 확률은 낮아 보인다.

:: 경기 확장 동인 ①:
적극적 재정 및 통화정책으로 수요 증가 ::

미국 경제가 이처럼 오랫동안 회복세를 이어가는 것은 우선 정책당국의 과감한 재정과 통화정책 운용에 있다.

2008년 미국 금융위기의 가장 중요한 원인 중 하나는 민간부문(=가계+기업+금융회사)의 과다한 부채였다. 1990년에 민간부문 부채가 명목 국내총생산GDP의 179%였으나 이것이 2000년에 232%로 상승했고, 금융위기 직전이었던 2008년 2분기에는 289%까지 올라갔다. 특히 2000년에서 2008년 2분기까지 금융부문의 부채가 GDP의 72%에서 104%까지 크게 증가했고, 가계부채도 같은 기간 동안 70%에서 98%까지 늘었다. 그래서 일부 금융회사 파산과 함께 금융위기가 발생하면서 부채가 많은 가계도 소비를 줄였다.

[그림 1-13] 경기 부양 과정에서 정부부채 급증

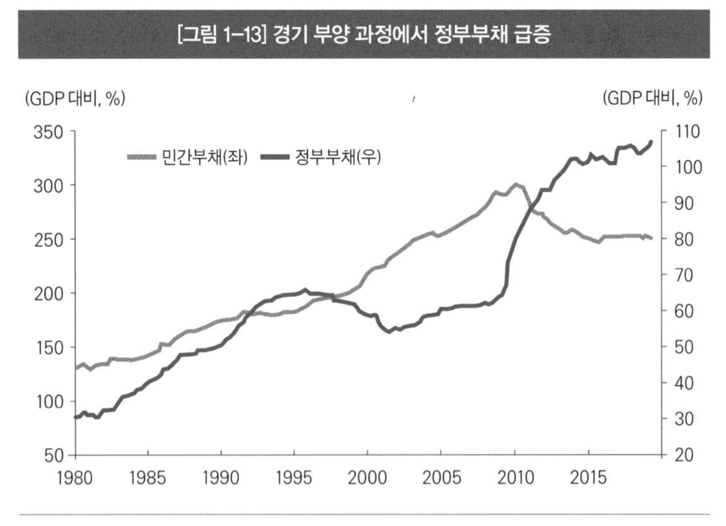

▶ 자료: FRB

금융위기 발생 이후 부실해진 가계와 기업이 소비와 투자를 줄이고, 미국 경제는 2008~2009년 2년 연속 마이너스 성장으로 침체 상태에 빠졌다. 금융위기를 극복하기 위해서 미국 정부는 적자 재정을 편성했다. 2009년 미국의 재정적자가 GDP 대비 9.8%였는데 이는 2차 세계대전 이후 가장 높은 수치였다. 이런 재정정책이 경기 회복에는 크게 기여했으나, 그 과정에서 정부가 부실해졌다. 연방정부부채가 GDP에서 차지하는 비중이 2008년 2분기 68%에서 2016년 4분기에는 106%(2018년 1분기에도 106%)까지 급등했다.

[그림 1-14] 미 연준, 통화정책 적극적 운용

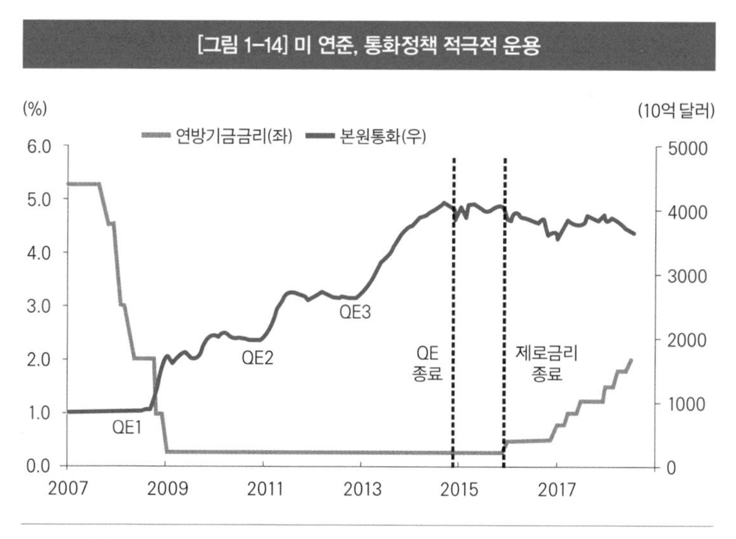

▶ 자료: FRB

정부의 과감한 재정정책과 더불어 연방준비제도이사회는 통화정책을 적극적으로 운용했다. 정책금리인 연방기금금리를 금융위기 전 5.00~5.25%에서 0~0.25%로 인하했고, 이도 모자라 세 차례에 걸친 양적 완화를 통해 대규모로 돈을 찍어냈다. 이에 따라 2007년 말 8372억 달러였던 본원통화가 양적 완화를 종료한 2014년 10월에는 4조 15억 달러로 4.8배나 늘었다.

더불어 초저금리와 풍부한 유동성을 바탕으로 주가와 집값 등 자산 가격이 큰 폭으로 상승했다. 금융위기를 겪으면서 2009년에 666까지 떨어졌던 주가(S&P500)는 2018년 1월 말에 2666까지 거의 4배나 상승했고, 집값(20대 도시 기준) 역시 2012년 4월부터 오르기 시작해 2018년 4월까지 54% 상승했다. 특히 상업용 부동산 가격은 2010년 1분기보다 80%나 급등했다.

이러한 자산 가격의 상승이 미국 소비 증가에 상당히 기여했던 것으로 추정된다. 다음의 [표 1-5]는 미국 소비함수를 추정해본 것이다. 주가가 10% 상승했을 때 소비는 0.3% 늘었고, 주택 가격이 10% 오를 때 소비는 0.9% 증가한 것으로 나타났다. 2009년 이후 주가 상승률이 집값 상승률보다 훨씬 높았기 때문에 소비 증가에 주가가 더 크게 기여했던 것으로 판단할 수 있다.

[표 1-5] 미국 개인소비지출 함수 추정

변수	추정계수	T-값	유의수준
상수	0.41	3.48	0.00
가처분소득	0.88	51.30	0.00
S&P500	0.03	5.71	0.00
국채수익률(10년)	-0.01	-2.43	0.02
주택가격	0.09	8.28	0.00

▶ 개인소비지출을 종속변수로 위에 제시된 변수를 설명변수로 하여 추정
국채수익률을 제외한 다른 변수는 로그값 사용
자기상관 문제를 해결하기 위해 코크란-오컷트 방법으로 추정
추정기간은 2000년 1월~2017년 10월

:: 경기 확장 동인 ② : 유가 하락 ::

적극적 재정 및 통화정책으로 미국 경제의 총수요곡선이 우측으로 이동하면서 경제성장률이 올라갔다. 이와 더불어 공급 측면에서 유가 하락이 생산비용을 낮춰 미국의 총공급곡선을 역시 오른쪽으로 이동시켰고, 이는 경제성장률을 높이고 물가안정을 초래했다.

실제로 유가WTI변동률, 경제성장률, 소비자물가상승률 3변수로 구성된 벡터자기회귀모형VAR model을 구성하고 충격반응함수

[그림 1-15] 유가가 10% 하락했을 경우 경제성장률과 물가상승률에 미치는 영향

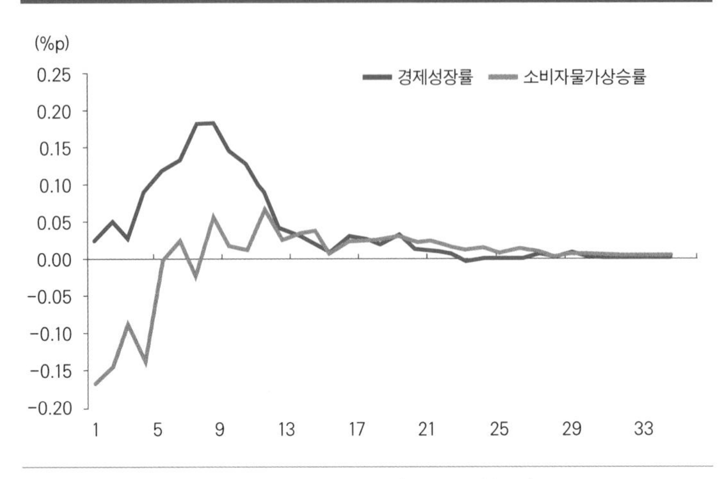

▶ 유가, GDP, 소비자물가의 전년 동기 변동률, 이 순서로 VAR 모형 구성
분석기간은 1990년 1분기~2017년 3분기, 적정시차는 6분기

를 구해보면 위의 [그림 1-15]와 같다. 유가가 10% 하락했을 때 그 해와 다음 해 경제성장률이 각각 0.05%포인트, 0.16%포인트씩 올라가는 것으로 분석되었다. 유가가 하락한 해의 소비자물가상승률은 0.14%포인트 낮아졌다.

2008년에 배럴당 105달러(연평균)였던 유가가 2009년에는 62달러로 41%나 폭락했다. 그 이후에도 유가 안정 추세가 지속되었고, 2016년에는 43달러에 이르렀다. 이런 유가 하락이 시차를 두고 미국의 경제성장률을 높이는 데 크게 기여하고 있는 것이다.

:: 경기 확장 동인 ③ : 트럼프 대통령의 경기 부양책 ::

지금까지 살펴본 것처럼 수요 측면에서는 적극적 재정 및 통화 정책, 공급 측면에서는 유가 하락이 경기 확장의 주요인이었다. 여기에 더해 2017년부터는 트럼프 대통령의 경기 부양책이 확장 국면을 연장시키고 있다.

트럼프는 수요를 부양할 수 있는 다양한 정책을 선거 공약으로 내놓았고, 그 공약을 부분적으로 실행하고 있다. 개인의 소득세율 구간을 7단계에서 3단계로 간소화하고, 최고 소득세율을 39.6%에서 37%(선거 공약에서는 33%)로 인하했다. 가처분소득 증가를 통해 GDP의 70%를 차지하는 소비를 부양하고 있는 것이다.

이보다 더 강력한 정책이 법인세율 인하다. 트럼프는 대통령 선거 때 법인세율을 35%에서 15%로 내리겠다고 공약했다. 2017년 미 상하원에서 그보다 높은 21%로 통과되었지만, 법인세 인하는 기업의 이익 증가와 더불어 투자 여력을 증대시키고 있다. 또한 법인세 인하에 따른 기업 이익 증가는 주가 상승으로 이어져, 이는 다시금 소비 증대 요인으로 작용하고 있다.

또한 트럼프 대통령은 민간기업과 함께 인프라 투자를 확대하고, 기존에 체결된 다양한 자유무역협정의 재협상을 통해 미국의 수출은 늘리고 수입은 줄이려는 정책을 펼치고 있다. 이 모든 정책이 미국의 총수요곡선을 우측으로 이동시켜 경제성장률을 높이고 있는 것이다.

:: 경기 확장 동인 약화 ① : 통화정책 정상화 과정 ::

앞서 살펴본 세 가지 경기 확장 요인이 이제 약화되고 있다. 우선 정부부채가 GDP의 100%가 넘을 정도로 정부가 부실해졌기 때문에 재정정책은 한계에 도달했다. "트럼프의 적은 미 의회다"라는 말이 나오는 것처럼 미국 정부의 부채가 높기 때문에 의회가 트럼프 행정부 예산을 제약할 수 있다.

미 연준은 금리를 인상하고 양적 축소를 단행하는 등 통화정책을 정상화하고 있다. 그동안 물가가 안정되었기 때문에 금리를 천천히 인상하는 등 정상화 속도가 느렸다.

물가가 불안해지면 금리 인상은 좀 더 빠르게 진행될 수 있다. 미 연준이 3조 달러가 넘는 돈을 찍어냈음에도 불구하고, 물가가 안정된 것은 2008년 금융위기 이후 미국 GDP가 잠재 수준

[그림 1-16] 2017년 3분기에 실제 GDP가 잠재 GDP를 넘어서

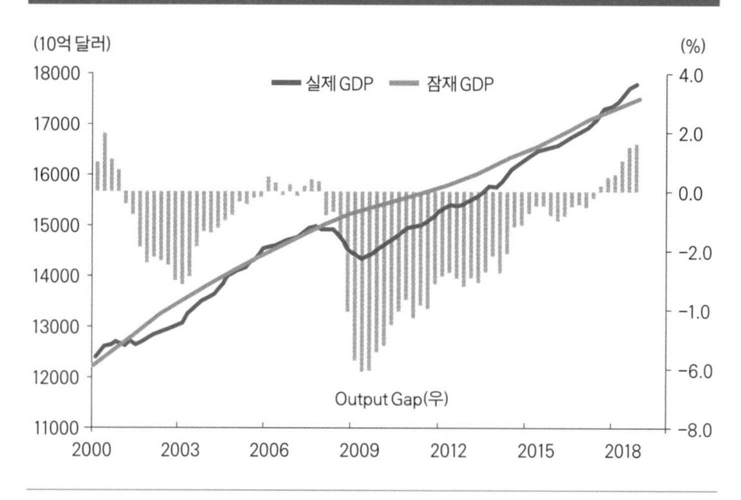

▶ 2018년 2분기 이후는 전망치. 자료: 미 상무부, 의회

보다 낮아 초과공급이 존재했기 때문이다. 그러나 소비 중심으로 미국 경제가 회복세를 지속하면서 2017년 3분기부터 실제 GDP가 잠재 GDP를 넘어서기 시작했다. 이제 미국 경제에 초과수요가 존재하고 물가상승 압력이 높아진 것이다.

미 연준의 통화정책의 목표는 '고용 극대화'와 '물가안정'이다. 고용은 이미 충분히 증가했다. 2008년 금융위기를 겪는 2년 동안 비농업 부문에서 일자리가 869만 개 사라졌으나, 2010년 3월부터 2018년 7월까지 일자리가 1940만 개나 생겼다.

2009년에 10%까지 올라갔던 실업률도 2018년 5월에는 거의 완전고용 수준인 3.8%로 떨어졌다. 2018년 미국 경제가 2.8% 정도 성장할 것으로 예상되는데, 그렇게 되면 실제 GDP가 잠재 GDP를 1% 이상 초과하고 물가가 오를 것이다. 이런 상황이 오면 연준은 금리를 더 빠르게 인상할 수밖에 없고, 이는 시차를 두고 소비와 투자에 부정적 영향을 줄 전망이다.

미국의 가계부채는 아직도 절대적으로 높은 수준에 머물고 있다. 가계부채가 가처분소득에서 차지하는 비중이 2007년 135%로 사상 최고치를 기록한 후 2018년 1분기에 105%로 낮아졌으

[그림 1-17] 경기를 과대평가하고 있는 미국의 주가

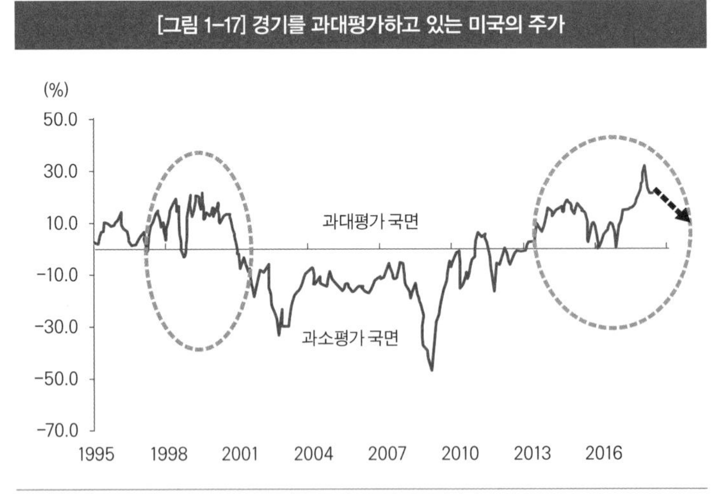

▶ 주가(S&P500)를 산업생산, 소매판매, 비농업 부문 고용으로 회귀분석 후 잔차를 구한 것임

나, 1990년대 소비거품이 일어나기 전의 85%에 비해서는 여전히 높다. 2005~2007년 가계 저축률이 2~3%대로 낮아져 과소비가 경제위기의 한 원인이 되었는데, 2018년 상반기 저축률이 3.2%로 떨어졌다. 가계부채가 높고 저축률이 낮은 상황에서 금리가 오르면 소비는 위축될 가능성이 높다.

여기에 더해 주식시장에도 부분적으로 거품이 발생한 것으로 보인다. 필자가 미국의 산업생산, 소매판매, 비농업 부문 고용 등 주요 경제지표로 미국 주가(S&P500)를 평가해보면 2018년 6월 기준으로 주가가 경기에 22% 정도 앞서가고 있다. 1999년 정보통신혁명 때 주가시장에 거품이 발생했는데 현재의 과대평가 정도가 더 심하다. 주가 하락은 소비심리를 위축시킬 것이다.

:: 경기 확장 동인 약화 ② : 유가 상승, 생산성 둔화 ::

2009년 이후 국제 유가의 하향 안정이 미국 경제의 총공급곡선을 우측으로 이동시켜 경제성장과 물가안정에 기여했다. 그런데 2017년부터 유가가 비교적 큰 폭으로 상승하고 있다. 2017년 연평균 유가WTI는 배럴당 50.9달러로 2016년(43달러)보다 16%

상승했다. 2018년 상반기 평균 유가가 65.4달러로, 2017년 평균 유가보다 29%나 올랐다.

앞서 VAR 모형의 충격반응함수를 이용해 유가가 하락하면 경제성장률은 높아지고, 물가상승률은 낮아지는 것을 통계적으로 확인했다. 이제 유가가 상승하고 있기 때문에 그 반대로 시차를 두고 경제성장률은 낮아지고 물가상승률은 올라갈 것이다. 특히 물가의 유가 반응 속도는 매우 빠르게 나타나고 있다. 유가와 물가의 상관계수를 구해보면 물가는 유가에 1분기 후행(1990년 1분기~2017년 3분기 통계로 분석해보면 상관계수는 0.59였다)하는 것으로 분석되었다. 실제 GDP가 잠재 GDP를 넘어서면서 수요 측면에서 물가상승 압력이 나타났는데, 이제 공급 측면에서도 물가상승 요인이 드러나고 있는 것이다.

생산성이 증가하면 유가 상승에 따른 공급곡선의 좌측 이동을 상쇄할 수 있다. 그러나 2008년 이후로 미국의 노동생산성이 크게 둔화되고 있다. 정보통신혁명의 영향으로 미국의 노동생산성이 1996~2007년 사이에 연평균 2.7% 증가했으나, 2008~2017년에는 증가율이 1.2%로 낮아졌다. 1980~1995년에 노동생산성이 연평균 1.5% 증가했는데, 금융위기 이후로는 그보다 더 낮아진 것이다.

[그림 1-18] 2008년 금융위기 이후 노동생산성 둔화

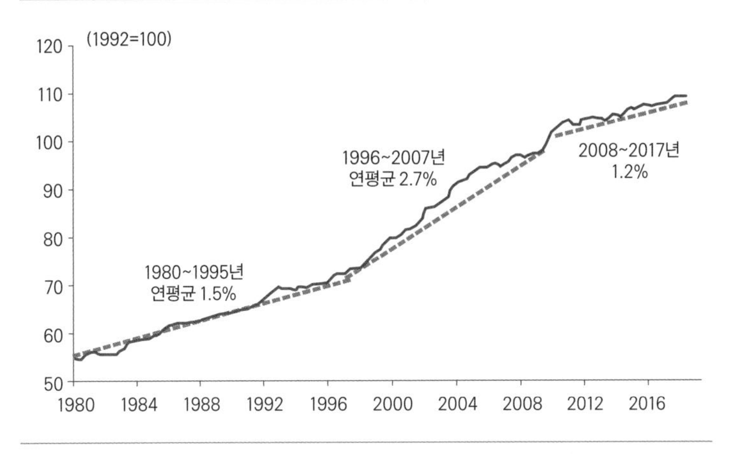

▶ 자료: Federal Reserve Economic Data

1990년대 생산성 증가로 총공급곡선이 우측으로 이동하면서 미국 경제가 고성장과 저물가를 동시에 달성했다. 이를 '신경제'라 불렀고 이것이 미국 역사상 가장 긴 120개월의 경기 확장국면의 근본 원인이 되었다. 이번 확장국면에서 유가 하락에 따른 공급곡선의 우측 이동과는 질적으로 다른 것이다. 생산성이 낮아진 가운데 유가 상승은 물가상승으로 이어질 가능성이 높다.

:: 장단기 금리 차 축소, 경기 둔화 예고 ::

미국의 경기 확장국면이 언제 어떻게 마무리될지는 알 수 없다. 대부분의 연구기관은 현재 미국 경제가 침체에 빠질 확률을 매우 낮게 보고 있다.

앞서 이야기했듯이 장단기 금리 차이가 미래의 경기를 내다보는 데 하나의 지표로 사용될 수 있다. 경제학자들 사이에는 10년과 2년 국채수익률 차이가 경기 전망에 많이 사용되고 있다. 실제로 2000년 이후 통계를 대상으로 분석해보면 장단기 금리 차이가 경제성장률에 8분기 정도 선행(상관계수 0.46)했다(산업생산증가율에도 28개월 선행했다). 2013년 12월을 정점(2.56%포인트)으로 장단기 금리 차이가 하락세로 전환했고, 지난해 12월에는 이 차이가 0.56%포인트로 더 떨어졌다.

2006년 하반기에서 2007년 상반기 사이에 장단기 금리 차이가 마이너스(-)로 추락했고 2008년 미국 경제는 위기에 직면했다. 현재 장단기 금리 차이가 축소되고 있지만, 마이너스 상태는 아니다. 그러나 분명한 사실 하나는 미국 경제가 경기 확장국면 후반에 있다는 것이다.

이제 그다음을 서서히 대비할 때이다. 다시 한번 말하지만

[그림 1-19] 장단기 금리 차이 축소는 경기 둔화 예고

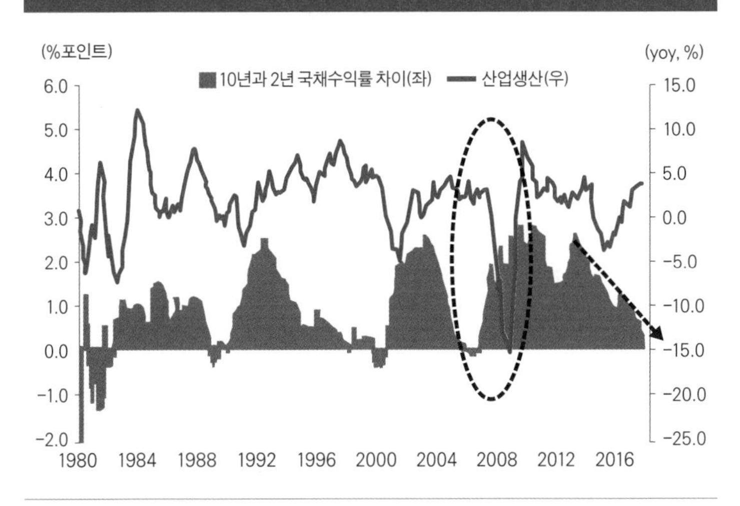

▶ 자료: Bloomberg, FRB

2008년 글로벌 금융위기를 극복하는 과정에서 재정과 통화정책은 모두 사용했다. 중국 경제가 9% 넘는 고성장을 하면서 세계 경제가 극심한 침체에 빠지는 것을 막았지만, 이제 중국도 투자 중심의 고성장 과정에서 누적된 기업과 은행의 부실을 처리하고 넘어가야 한다. 이번에 미국의 경기 확장국면이 끝나면 글로벌 경제와 금융시장이 겪어야 할 진통은 크고도 깊을 것이다.

06

트럼프의 적은 연방준비제도와 의회?

2017년 7월 트럼프 미국 대통령이 연방준비제도Fed의 금리 인상에 대해서 강력한 불만을 표시했다. 중국, EU 등이 환율을 조작하고 금리를 낮추고 있는데, 연준만 금리를 인상해서 달러 강세를 초래하고 수출경쟁력을 약화시키고 있다는 것이다. 연준은 '물가안정'이라는 통화정책 목표 때문에 금리를 지속적으로 인상하고, 이는 시차를 두고 미국 경제를 위축시킬 것이다. 결국 오래지 않아 트럼프는 경기 부양을 위해서 미 의회와 싸우게 될 전망이다.

:: 연준, 경기 회복과 물가상승으로 금리 인상 지속 ::

2007년 하반기부터 미국 경제가 둔화될 조짐을 보이자 연준은 금리를 내리기 시작했다. 2007년 8월 5.00~5.25%였던 연방기금금리를 같은 해 12월에는 4.00~4.25%로 1%포인트 인하했고, 금융위기가 본격화됐던 2008년 12월에는 연준의 역사상 최저 수준인 0.00~0.25%까지 과감하게 내렸다.

금리 인하와 더불어 2009년 3월에서 2012년 9월 사이에는 3차례 양적 완화를 통해서 돈을 풀었는데, 양적 완화를 종료한 2014년 10월까지 본원통화가 2007년 12월보다 4.8배(3조 1643억 달러)나 증가했다.

이런 적극적인 통화정책으로 주가 등 자산 가격이 급등하고 소비 중심으로 경제도 회복되었다. 그래서 연준은 2014년 10월 양적 완화를 종료했고, 2015년 12월부터 2017년 6월까지 금리를 7차례나 인상했다. 이 기간 동안 연방기금금리 목표 수준이 0.00~0.25%에서 1.75~2.00%로 오른 것이다.

트럼프 정부가 들어선 이후 경제성장 속도가 더 가파르게 진행되고 있다. 특히 2018년 2분기 경제성장률은 4.1%로 2014년 3분기(4.9%) 이후 최고치를 기록했다. 2018년 연간 경제성장률도 2.9%로 2008~2017년 연평균성장률(1.5%)을 훨씬 넘어설 전망이다. 높은 경제성장에 따라 고용도 호조를 보이고 있다. 2018년 들어 6월까지 비농업 부문에서 고용이 월평균 21만 4500개나 늘어, 2017년 평균인 18만 2300개를 웃돌았다. 2018년 5월 실업률은 3.8%로, 1969년 12월(3.5%) 이후 최저치를 기록할 정도로 고용 사정이 크게 개선되었다.

2018년에 미국 경제의 확장속도가 이처럼 가속화된 것은 트럼프 대통령의 수요 부양정책 영향이다. 우선 트럼프 정부는 최고 소득세율을 39.6%에서 37%로 인하하면서 가계소비를 부양했다. 또한 법인세율을 35%에서 21%로 과감하게 내렸는데, 이는 기업투자 확대에 크게 기여했다. 법인세 인하는 곧바로 기업이익 증가로 나타났고 주가 상승을 초래했다. 주가 상승은 가계의 부의 증가로 이어져 다시 소비를 확대시키고 있는 것이다.

:: 트럼프의 적은 연준 ::

문제는 이러한 경기 확장에 따라 미국 경제에 인플레이션 압력이 높아지고 있다는 데 있다. 금융위기를 겪으면서 2009년

2분기에는 실제 국내총생산GDP과 잠재 GDP의 퍼센트 차이를 의미하는 GDP갭률이 마이너스(-) 6.2%로 미국 경제에 심각한 디플레이션 압력이 있었다. 그러나 2017년 하반기부터 GDP갭률이 플러스로 돌아섰고, 2018년 2분기에는 1.2%로 인플레이션 압력이 높아졌다. 실제로 물가가 오르고 있는데, 2017년 소비자물가상승률이 2.1%로 연준이 목표로 설정한 2%를 넘어섰다. 2018년 상반기에는 2.4%로 더 높아졌고, 근원소비자물가상승률도 2%에 이르렀다.

연준의 통화정책 목표는 고용 극대화와 물가안정이다. 실업률이 거의 완전고용 수준에 접근했고 물가가 목표치를 넘어서고 있기 때문에 연준의 입장에서는 금리를 인상할 수밖에 없는 것이다. 그래서 2018년 상반기에 두 차례 금리를 인상했고, 하반기에도 추가적으로 최소한 두 차례 더 올릴 전망이다.

연준이 지속적으로 금리를 인상할 것이라는 기대로 2018년 7월까지 달러 가치가 주요국 통화에 비해서 5% 정도 상승했다(달러 가치는 장기 하락 추세에서 일시적 상승일 가능성이 높다). 2018년 1~5월 미국의 무역적자가 2448억 달러로 2017년 같은 기간(2269억 달러)보다 179억 달러 확대되었는데, 트럼프 대통령은 이를 연준의 금리 인상에 따른 달러 강세 탓으로 돌리고 있다. 무역적자의 더 근본적 원인은 미국 가계의 과소비에 따른 수입 증가에 있는데도 말이다. 2018년 상반기 가계의 월평균저축률은 3.2%로 금융위기 직전 해였던 2007년 3.0% 이후 가장 낮았다.

연준은 트럼프 대통령의 발언에 관계없이 현재의 경제 데이터에 의존하면서 통화정책을 펼칠 것이다. 앞에서 살펴본 것처럼 최소한 2018년 하반기까지는 경기 확장국면이 더 지속되면서 물가상승 압력이 더 높아질 것이다. 그래서 미 연준의 정책금리 추가적 인상 가능성을 높게 전망한다.

:: 금리 인상으로 소비 위축 전망 ::

문제는 금리 인상이 자산 가격 하락을 초래해 결국에는 미국 GDP의 70%를 차지하고 있는 소비에 부정적 영향을 준다는 데 있다. 그동안 초저금리와 풍부한 유동성 때문에 주가나 집값이 경제를 과대평가하면서 지나치게 많이 올랐다. 특히 앞서 살펴본 것처럼 미국 주가는 2018년 6월 기준 산업생산 등 주요 경제지표를 22% 정도 앞서가고 있다.

경기 확장국면의 후반부에서 금리 인상은 직접적으로 소비 감소 요인으로 작용하고 간접적으로는 주가나 주택 가격 하락을 통해 소비에 부정적 영향을 줄 수 있다. 2000년 이후 통계로 분석해보면 주가(S&P500)가 1% 떨어지면 개인 소비지출은 0.03% 감소했고, 주택 가격이 1% 하락하면 소비는 0.09% 위축되는 것으로 분석되었다.

금리 인상에 따른 경기 위축 예상은 장단기 금리 차이 축소로 나타나고 있다. 보통 미국에서 국채 10년과 2년 수익률의 차이로 경기를 예측하는데, 장단기 금리 차이가 2018년 7월에는 0.28%포인트로 2007년(0.36%포인트) 이후 최저치를 기록했다. 특히 2018년 6월 이후에는 장기 금리인 10년 국채수익률이 하락하면서 장단기 금리 차이가 축소되고 있기 때문에 더 의미가 있다. 2006년 1월에서 2007년 5월 사이에 장단기 금리 차이가 역전되었고, 2007년 12월에 미국 경기가 정점을 치고 수축국면에 접어들었다. 연준이 2018년 하반기에 금리를 두 차례 인상한다면, 빠르면 2018년 말부터 장단기 금리 차이가 역전되고 2009년 6월부터 계속되고 있는 경기 확장국면이 2019년 어느 시점에서 마무리될 수 있다.

:: 2019년 이후에는 의회가 트럼프의 적이 될 수 있어 ::

2019년 경기가 둔화될 조짐을 보이면 연준은 금리 인상을 멈출 것이다. 나아가서는 2019년 하반기나 2020년에 경기가 수축국면에 접어들면, 연준의 정책 방향이 다시 금리 인하 사이클로 반전될 가능성이 높다. 그러나 가계부채가 아직도 상대적으로 높고, 가계저축률이 매우 낮은 수준에 머물고 있기 때문에 금리가 소비에 미치는 영향도 과거보다는 작아질 전망이다.

또한 금리가 투자에 미치는 영향도 줄어들 가능성이 높다. 2009년 7월부터 시작된 경기 확장국면에서 설비투자가 2018년 2분기까지 59.5%나 늘어났다. 같은 기간 GDP가 22.3% 증가했는데, 그 두 배 이상이다. 경기가 수축국면에 접어들면 금리 인하에도 불구하고 설비투자가 급격하게 위축될 수 있다.

다음 경기 수축의 초기 국면에서 통화정책의 효과가 크지 않다면, 트럼프 행정부는 재정정책을 사용하여 경기를 부양하려 할 것이다. 그러나 미국 정부부채가 이미 높은 수준에 있기 때문에 미 의회가 이를 쉽게 승인하지 않을 전망이다. 2007년 말 연방정부의 부채가 GDP의 62.8%였는데, 2018년 1분기에는

105.7%까지 급등했다. 트럼프는 연준에 이어 미 의회라는 장애물을 넘어야 하는데, 이는 쉽지는 않을 것이다.

통화정책 효과가 줄어들고 재정정책도 여의치 않다면 트럼프는 대외 쪽에서 돌파구를 찾으려 할 것이다. 그래서 2019년 이후에는 이미 시작된 무역전쟁이 더 심화되고, 환율전쟁도 다시 시작될 것이다. 다음 장에서 이를 자세히 다룬다.

2장

글로벌 환율전쟁과 주요 환율의 미래

01

다시 시작되는 환율전쟁

2008년에는 미국발 환율전쟁이 시차를 두고 일본과 유로존을 거쳐 중국까지 이어졌었다. 그런데 최근 다시 한번 글로벌 환율전쟁이 시작될 조짐을 보이고 있다.

2008년 미국에서 발생한 금융위기로 수요가 크게 위축되면서 세계 경제가 선진국 중심으로 침체에 빠졌다. 그 후 각국 정부와 중앙은행은 과감한 재정 및 통화정책으로 경기를 부양했으나, 디플레이션 압력이 해소되지 않았기 때문에 통화 가치를 떨어뜨려 수출을 늘려야 했다.

:: 미국, 일본, 유로존 순서로 경쟁적 환율전쟁 ::

이와 같은 환율전쟁은 미국이 먼저 시작했다. 미국은 2008년 한 해 동안 돈(본원통화)을 두 배나 찍어냈다. 이렇게 많은 통화를 공급하다보니 달러 가치가 떨어지고 다른 통화 가치는 올라갈 수밖에 없었다. 특히 엔화 가치가 급등했다. 2007년 6월에 미 달러당 123엔이었던 엔/달러 환율이 2011년 9월에는 77엔으로 37%나 하락했다.

엔화 가치의 상승은 일본의 디플레이션 압력을 더 심화시

[그림 2-1] 주요 선진국의 본원통화 추이

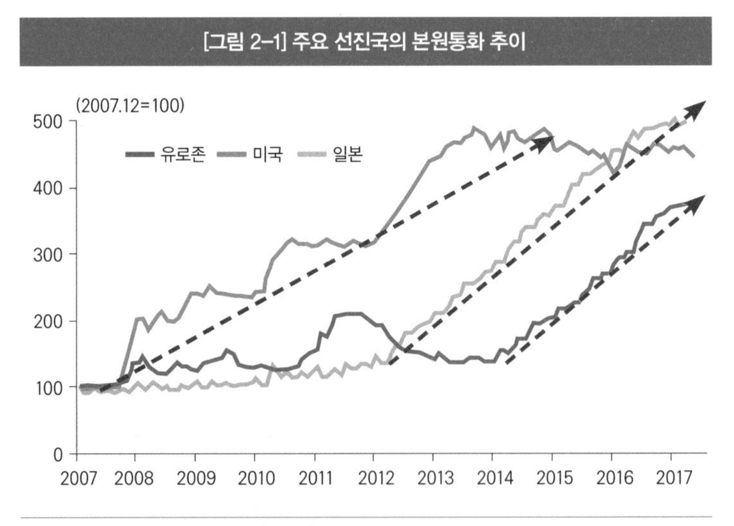

▶ 자료: 한국은행 경제통계시스템(ECOS)

켰다. 일본도 2012년부터 환율전쟁에 가담했다. 일본은행은 2013년과 2014년에 본원통화를 각각 46%와 37%씩 늘렸고 이후 엔화 가치가 하락하기 시작했다. 2015년 5월에는 엔/달러 환율이 124엔까지 올라왔다. 2011년 9월보다 엔화 가치가 61%나 하락한 셈이다.

2015년에는 유럽중앙은행ECB이 한 해 동안 본원통화를 45%나 늘리면서 환율전쟁에 가담했고, 이들 선진국의 경쟁적 환율전쟁을 지켜보던 중국도 2015년 하반기 이후 위안화 가치를 절하시켰다.

글로벌 환율전쟁 과정에서 가장 큰 피해를 보았던 나라 중 하나가 한국이다. 이때 한국의 원화 가치는 엔화에 비해서 39%, 유로화에 비해서 36%나 상승했고, 중국 위안화에 대해서도 원화 가치가 4% 상승했다. 특히 한국의 주요 상품은 글로벌 시장에서 일본과 경쟁 관계에 있는데, 엔화에 비해 원화 가치가 큰 폭으로 상승하면서 한국의 수출경쟁력을 떨어뜨렸다. 이에 따라 2015년과 2016년 수출은 각각 마이너스(-)8.0%, (-)5.9%로 2년 연속 감소했다.

:: 다음 경기 침체 시 환율전쟁 재개 ::

2018년 1월 므누신 미 재무장관은 세계 경제포럼 연차 총회에서 "명백하게 무역과 기회 측면에서 달러 약세는 우리에게 좋다"라며 달러 약세를 환영하는 발언을 했다.

미국 경제는 2009년 6월 저점을 기준으로 경기순환 역사상 3번째로 긴 확장국면을 이어가고 있다. 그러나 이번 경기 확장을 이끌었던 수요 측면에서 재정 및 통화정책의 효과가 줄고, 공급 측면에서 유가 등 에너지 가격이 상승하면서 미국 경기가 정점에 근접해 가고 있다. 일본과 유로존 경제도 경기 확장국면 후반에 있기는 마찬가지이다.

다음 경기 침체가 현실화되면 재정 및 통화정책으로 경기를 부양하기 어렵다. 2008년 글로벌 금융위기를 극복하는 과정에서 이들 정책수단을 거의 소진했기 때문이다. 부채가 GDP의 220%를 넘어선 일본 정부는 부실하기 짝이 없고, 금융위기 이전에 60%였던 미국 연방정부부채도 100%를 넘어섰다. 통화정책을 쓸 여지도 별로 없다. 미 연방준비제도이사회는 위기 전에 5.25%였던 연방기금금리를 거의 0%까지 내리면서 수요를 부양했다. 2018년 하반기에 금리를 두 차례 올린다고 가정해도 2.5%

인 금리로 다음 경기 침체를 극복하기는 힘들다. 일본과 유럽 중앙은행의 정책금리는 현재 0%이기 때문에 더 내릴 여지가 없다.

재정 및 통화정책에 한계가 있는 만큼 다음 경기 침체가 오면 각국 정책당국은 자국의 통화 가치를 떨어뜨려 수출을 늘리려 할 것이다. 다가오는 환율전쟁 강도가 이전보다 더 높을 수밖에 없는 이유이다. 한국 정부와 중앙은행도 글로벌 경제 환경 변화를 세밀하게 관찰하면서 적극 대응해야 할 때다.

02

달러 가치의 하락 추세가 지속되는 이유

2017년 미국의 달러 가치가 주요국 통화에 비해서 7% 하락한 데 이어 2018년 상반기에도 0.5% 떨어졌다. 미국 경제가 선진국 중 가장 좋고 금리를 올리고 있는데도 달러 가치가 하락하고 있는 이유는 어디에 있을까?

:: 세계 경제에서 미국 비중 축소와 달러 가치 하락 ::

우선 장기적 측면에서 보면 세계 경제에서 차지하는 미국 경제 비중의 상대적인 축소에서 찾을 수 있다. 미국 GDP가 세계 GDP에서 차지하는 비중은 1985년 35%를 정점으로 하락하기 시작했다. 10년 후인 1995년에는 24.7%까지 떨어졌다가 정보통신혁명으로 미국 경제가 높은 성장을 하면서 2001년에는 다시 31.6%로 올라갔다. 그러나 2008년 금융위기 영향으로 2011년에는 21.2%까지 하락했다가, 미 정책당국의 강력한 통화정책 효

[그림 2-2] 세계 GDP에서 미국 비중 축소와 달러 가치 하락

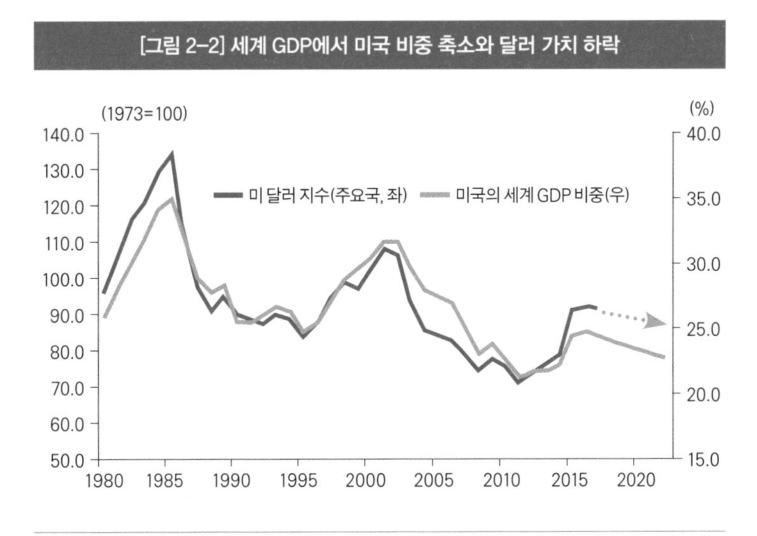

▶ 자료: IMF

과가 나타나면서 다른 선진국에 비해 미국 경제가 빠르게 성장하며 2017년에는 24.4%까지 다시 상승했다.

그러나 국제통화기금IMF은 2022년까지 미국 비중이 22.8%로 떨어질 것으로 내다보고 있다. 미국 달러의 가치 하락을 전제하고 있는 것이다. 다음 [그림 2-3]은 주요국 통화에서 미 달러 지수의 장기 추이를 보여주고 있는데, 하락하는 장기추세선을 중심으로 달러 가치가 변동하고 있다. 1973년 이후 달러 가치는 두 번에 걸쳐 하락했는데, 첫 번째 경우는 1985년 3월에서 1995년

[그림 2-3] 달러 가치 2017년부터 하락 추세 접어들어

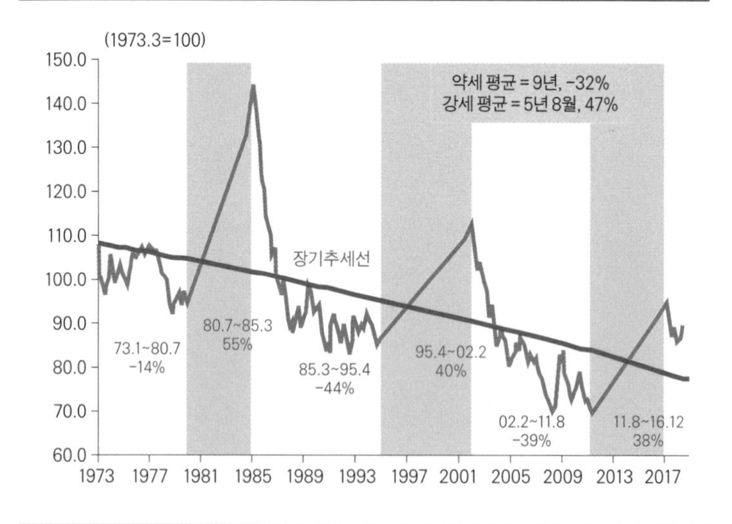

▶ 자료: Federal Reserve Economic Data

4월까지였고 이 때 달러 가치는 44%나 떨어졌다. 1985년 9월 플라자 협정으로 엔/달러 환율이 246엔에서 1995년 4월에는 83엔까지 떨어졌는데(엔화 가치 상승), 이것은 달러 가치 하락의 가장 중요한 원인이 되었다.

두 번째로 2002년 2월에서 2011년 8월 사이에도 달러 가치가 39% 하락했는데, 이 사이에 정보통신혁명의 거품과 부동산 거품이 해소되면서 미국 경제가 어려움을 겪었다.

이 두 번의 평균을 구해보면 달러 가치가 평균 9년에 걸쳐 32% 하락했다. 이와 같은 상황으로 볼 때 IMF 전망처럼 2022년까지는 달러 가치가 떨어질 것으로 보는 것이 합리적이다.

:: 실질금리 하락도 달러 가치 하락 요인 ::

단기적으로 미국의 낮은 실질금리도 달러 가치 하락 요인으로 작용하고 있다. 실질금리는 명목금리에서 물가상승률을 뺀 것이다. 미국의 대표적 시장금리인 10년 국채수익률과 소비자물가상승률의 차이를 실질금리라 보면, 이 금리가 지속적으로 하락하고 있다. 2017년 1월~2018년 5월 월평균 실질금리는 0.27%로 과거보다 훨씬 낮았다. 1980년 이후 미국의 장기 실질금리가 평균 2.90%였고, 2000년 이후로는 1.33%였다.

실질금리가 낮은 이유는 기대 인플레이션율이 높을 뿐만 아니라 실제 물가상승률도 점차 올라가고 있는 데 있다. 이와 같은 물가상승 원인은 크게 세 가지 측면에서 찾을 수 있다.

우선 2017년 3분기부터 미국의 실제 국내총생산GDP이 잠재 GDP를 넘어서고 있다. 금융위기 영향으로 2009년에는 실제 GDP가 잠재 수준보다 6% 낮아 디플레이션 압력이 존재했으나, 그 이후 강력한 통화 및 재정정책 효과가 나타나면서 경기가

[그림 2-4] 미국의 낮은 실질금리와 달러 가치 하락

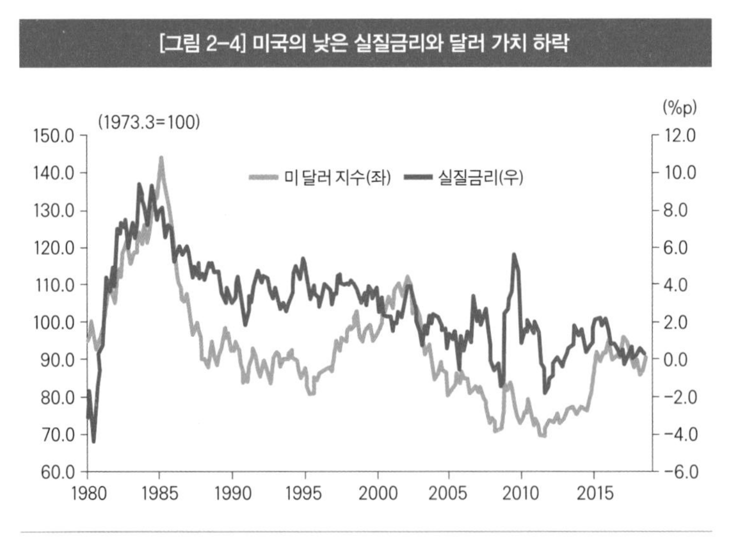

▶ 자료: Federal Reserve Economic Data

빠른 속도로 회복되었다. 2018년 1분기에는 실제 GDP가 잠재 GDP를 0.6% 넘어서면서 인플레이션 압력이 나타나고 있다.

다음으로 미국 노동시장이 거의 완전고용 수준에 접근하고 있다. 2008년 금융위기를 겪으면서 2년 동안 비농업 부문에서 일자리가 869만 개 줄었으나, 2010년 3월부터 2018년 7월까지 1940만 개 늘었다. 10%까지 올라갔던 실업률도 2018년 5월에는 3.8%까지 떨어졌다. 아직까지 실업률과 임금상승률(물가상승률)의 역의 관계를 보여주는 필립스 곡선이 뚜렷하게 나타나고 있지 않으나, 고용이 추가적으로 개선되면 임금과 물가상승률이 높아질 수밖에 없다.

마지막으로 미국의 중국과의 무역전쟁이다. 트럼프 행정부는 중국산 수입상품에 25%라는 고율의 관세를 부과하는 등 직간접적으로 수입을 규제하고 있다. 이는 시차를 두고 미국의 물가상승을 초래할 것이다.

물가상승률이 올라가면 그만큼 명목금리도 올라가야 한다. 그러나 2008년 금융위기 극복 과정에서 풀린 3조 달러 이상의 유동성 때문에 시장금리는 느리게 오르고 있다. 또한 기업의 투자위축으로 금융시장에서 기업의 자금 조달이 부진한 것도 저금리의 원인이다.

:: 2019년에도 달러 가치 하락 가능성 높아 ::

글로벌 투자자금은 실질수익률이 높은 곳을 찾아 이동한다. 실질금리가 높은 나라로 자금이 이동하고 그 나라의 통화 가치도 상승하는 것이다. 미국의 달러 가치와 실질금리도 거의 같은 방향으로 변동해오고 있다. 예를 들면 1980년 이후 달러 가치와 실질금리의 상관계수는 0.71로 상당히 높은 편이다. 2000년 이후로는 상관계수가 0.46으로 낮아지긴 했지만 여전히 두 변수가 같은 방향으로 움직이고 있다. 인과관계를 구해보아도 실질금리가 낮아지면(높아지면) 달러 가치가 하락(상승)하는 것으로 나타났다.

앞에서 살펴본 이유로 향후 미국의 물가상승률이 높아지고 실질금리가 하락하면서 달러 가치는 더 떨어질 것이다. 더불어 달러 가치 하락은 다시 인플레이션율을 더 높일 것이다. 이런 측면에서 보면 2017년 이후 진행되고 있는 달러 가치 하락은 일시적 현상이 아니라 상당히 오랜 기간 동안 지속될 가능성이 높다.

달러 가치가 완만하게 하락하면 미국의 대외 불균형이 축소되고, 특히 중국 등 아시아 통화 가치가 상승하면서 이들 국가가 소비 중심으로 성장할 수 있을 것이다. 그러나 돌이켜보면 주가나 환율 등 경제 변수는 연착륙보다는 경착륙을 해왔다. 글로벌 외환시장에서 환율의 급격한 변동 가능성이 높은 만큼 미리 대비를 해야 한다. 우리 원/달러 시장도 마찬가지이다.

03

달러 가치 하락, 금값 상승?

금값은 달러로 표시된다. 그래서 달러 가치가 떨어지면 상대적으로 금 가격은 오르게 되는데, 앞서 말했듯이 달러 가치는 더 떨어질 가능성이 높다.

우선 세계 경제에서 미국이 차지하는 비중이 줄어들고 있다. 2001년 미국의 국내총생산GDP이 세계 GDP에서 차지하는 비중은 31.6%였으나, 2017년에는 24.7%로 떨어졌다. 국제통화기금IMF은 앞으로 5년 정도는 세계 경제에서 미국이 차지하는 비중이 더 줄어들 것으로 내다보고 있다.

환율이란 그 나라의 경제력을 나타낸다고 해도 과언이 아니다. 미국이 아직도 세계 경제의 4분의 1 정도를 차지할 정도로 절대적으로는 영향력이 크지만, 상대적으로는 그 비중이 줄고 있다. 달러 가치가 하락하고 있는 이유이다.

앞서 말했듯이 2008년 금융위기를 극복하는 과정에서 미국은 재정 및 통화정책을 적극적으로 활용했다. 그러나 그 과정에서 정부부채가 많아졌기 때문에 이제 더 이상 정부가 돈을 쓸 여지가 크지 않다. 미 연방준비제도이사회가 금리를 올리는 등 통화정책도 정상화하고 있다. 이 과정에서 비정상적으로 올랐던 상업용 부동산이나 주가가 급락할 수 있다. 그러면 미국 경제가 소비 중심으로 침체국면에 빠지고 달러 가치도 더 떨어지게 될 것이다.

달러 가치 하락과 더불어 중국이 금을 사면서 금값은 더 오를 전망이다. 2016년 3월 기준 중국 중앙은행은 1798톤의 금을 보유하고 있는 것으로 알려져 있는데, 1년 전에 비해서 71%나 증가했다. 그럼에도 중국의 외환보유액 가운데 금이 차지하는 비중은 2%에 불과해 유럽 주요국 중앙은행의 65~70%에 비해 훨씬 낮다.

2018년 4월 말 기준 중국은 미 국채를 1조 1819억 달러 보유

[그림 2-5] 장기적으로 달러 가치 하락, 금값 상승?

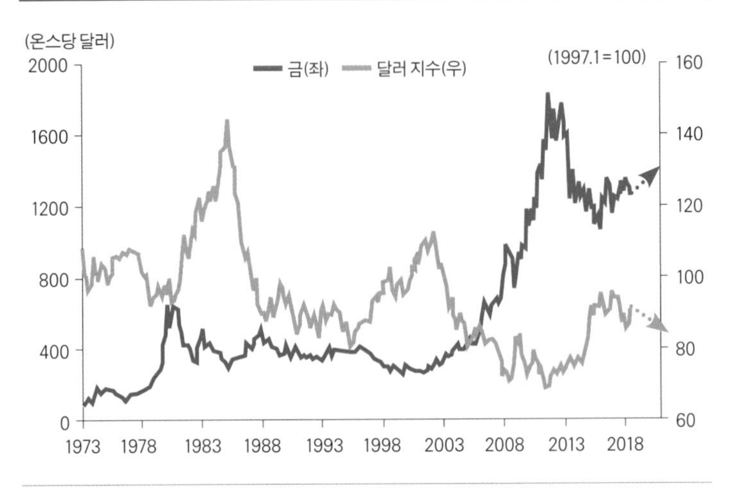

▶ 자료: Federal Reserve Economic Data, Bloomberg

하고 있는데, 시가로 계산해보면 약 4만 톤의 금을 살 수 있는 돈이다. 미국이 보유한 금(8100톤)의 5배에 이른다. 달러 가치가 떨어질 것으로 기대한다면, 중국은 보유하고 있는 미 국채 일부를 팔아 금을 살 수 있다. 여기다가 거품 상태에 있는 중국 부동산 가격이 떨어지면 중국 국민들도 투자 수단으로 금을 찾게 될 것이다. 2008년 주가가 폭락한 이후 개인 자금이 주식에서 부동산으로 이동했던 것과 같은 현상이 발생할 가능성이 높다.

이러한 변화가 급하게 오면 금 가격은 폭등하고 달러 가치는 폭락하면서 달러의 기축통화 역할이 줄어들고, 세계가 새로운 금융질서를 모색해야 할 것이다.

04

원화 가치는 지속적인 상승 추세 가능성

2018년 상반기 원/달러 환율 평균은 1076원으로 2017년 1131원보다 낮아졌다. 환율을 결정하는 요인을 보면 중장기적으로 원화 가치는 더 상승할 가능성이 높아 보인다.

필자가 가지고 있는 모형으로 원/달러 환율에 영향을 미치는 요인을 분석해보면, 미 달러 지수, 위안/달러 환율, 한미 금리 차이, 한국 경상수지, 엔/달러 환율 등의 순서로 환율에 영향을 미쳤다. 이 경제 변수가 어떻게 될 것인가에 따라 원/달러 환율의 방향이 결정될 것이다.

:: 미 달러 약세, 원화 가치 상승

우선 우리 환율이 미 달러 기준으로 표시되기 때문에 달러 가치가 하락하면 원화 가치는 상대적으로 상승한다. 앞 장에서 본 것처럼 미 달러 가치는 주요국 통화와 비교해 2017년부터 하락 추세에 접어든 것으로 보인다. 미국 경제가 2009년 6월을 저점으로 역사상 세 번째로 긴 확장국면이 진행되면서 연방준비제도 이사회가 금리를 올리고 있는데도 달러 가치는 하락하고 있다. 외환시장은 머지않아 미국 경기가 수축국면에 접어들고 더 이상

[그림 2-6] 미 달러 지수 원/달러 환율 추이

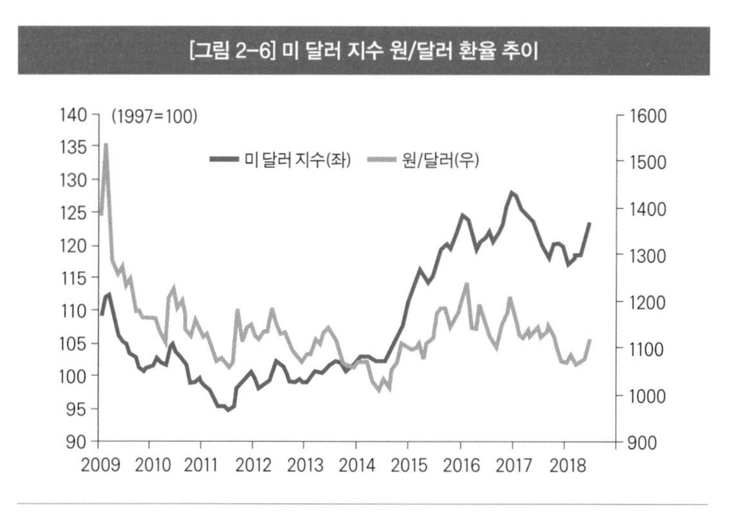

▶ 미 달러 지수는 선진국뿐만 아니라 신흥국 통화도 포함한 광의통화 개념
자료: Federal Reserve Economic Data, 한국은행

금리 인상이나 양적 완화 축소도 어려울 것이라는 예상을 반영하고 있는 것이다. 경기에 선행하는 미국의 장단기 금리 차이 축소가 시사하는 것처럼, 2019년 어느 시점에서 미국의 경기 확장국면이 마무리될 가능성이 높고, 그렇게 되면 2019년에도 달러 가치는 하락할 것이다.

다음으로 위안/달러 환율이 우리 환율에 영향을 주고 있다. 2009년 이후 통계로 분석해보면 원/달러 환율과 위안/달러 환율은 비교적 높은 상관관계(상관계수 0.6)를 보이며 같은 방향으로 변동해오고 있다. 우리 수출 중에서 중국이 차지하는 비중이 2018년 상반기 27%로 매우 높은 데 그 원인이 있다. 중국이 기업과 은행의 부실을 정리하는 과정에서 일시적으로 중국 경제성장률이 크게 낮아지고 위안화 가치도 떨어질 수 있다. 그러나 장기적으로는 중국 경제가 소비 중심으로 성장하면서 위안화 가치는 오를 가능성이 높다.

세 번째로 한미 금리 차이이다. 미국이 금리를 지속적으로 올리면서 2018년 6월에 연방기금금리는 1.75~2.00%로 한국의 기준금리 1.5%보다 높아졌다. 자금은 수익률이 높은 곳을 찾아 이동하기 마련이다. 미국 금리가 한국 금리보다 높아졌으므로 이론에 따르면 한국 금융시장에서 자금이 빠져나가고 원/달러 환율이 올라가야(원화 가치 하락) 한다.

그런데 실제로는 다르게 나타났다. 오히려 한국의 시장금리(여기서 10년 국채수익률)가 미국 금리(역시 10년 국채수익률)보다 높을 때 원/달러 환율이 상승했다. 한미 금리 차이보다는 글로벌 금융시장의 불안 정도가 한국의 자금 유출입에 더 큰 영향을 주었던 것이다. 글로벌 금융시장이 불안한 때 한국과 미국의 금리 차이가 확대되었는데도 원화 가치는 하락했다. 한국과 미국 국채가 아직은 대체재가 아니기 때문이다. 글로벌 금융시장의 불안하면 투자자들은 안정성이 높은 미국 국채를 사고 한국 국채를 팔게 된다. 금리 차이만으로 환율이나 자금 유출입 변동을 설명할 수 없다는 것이다.

마지막으로 경상수지가 환율에 미치는 영향이다. 경상수지 흑자가 나면 외환시장에 그만큼 달러 공급이 늘어나기 때문에 원/달러 환율은 떨어진다. 2017년 우리 경상수지 흑자가 785억 달러, 명목 국내총생산GDP 대비로는 5.1%로 많았고, 2018년에도 780억 달러(GDP의 4.7%)를 다소 넘을 것으로 전망되고 있다. 미 재무부는 매년 4월과 10월에 환율보고서를 작성하는데, 여기서 무역대상국의 경상수지 흑자가 GDP 대비 3%를 넘어서면 환율조작국의 한 요건으로 설정하고 있다. 우리 경상수지 흑자가 거의 대부분 해외 직접투자나 증권투자로 나가고 있기 때문에 경상수지가 환율에 미치는 영향은 줄고 있지만, 한국의 경상수지 흑자는 여전히 원화 가치 상승요인으로 남아 있다.

2018년 4월에 1054원까지 떨어졌던 원/달러 환율이 신흥국 중심의 금융시장 불안으로 7월에는 1130원까지 올랐지만, 앞서 살펴본 환율 결정 요인으로 보면 장기적으로 원화 가치 상승 추세가 지속될 가능성이 높다. 각 경제주체가 원화 가치 하락보다는 상승 쪽에 무게를 두고 의사결정을 해야 할 것이다.

05
한미 금리 차이와 환율

한국은행 금융통화위원회는 2017년 12월 이후 기준금리를 1.5%에서 계속 유지하고 있다. 이처럼 금리를 동결한 이후에 크게 두 가지 문제가 제기되고 있다. 하나는 미국이 2018년 연방기금금리를 4차례 정도 인상할 것으로 예상되고 있는데, 한국은행 기준금리가 현 수준에서 유지될 수 있는가이다.

2018년 4월 한국은행은 실질 국내총생산GDP이 3.0% 성장하고, 소비자물가는 1.6% 상승할 것으로 내다보았다. 7월 전망에서도 이 전망을 유지했다. 4~5월 통계청에서 발표한 산업활동

동향을 보면 서비스 경기가 완만한 회복세를 유지하는 가운데 제조업이 1분기 마이너스(-) 성장에서 2분기에는 플러스 성장으로 돌아서고 있다. 2018년 1분기 제조업 생산이 전년 동기에 비해 2.8% 감소했으나, 하반기는 2% 이상 증가할 전망이다.

그렇다고 2018년 성장률을 올릴 가능성은 낮다. 통계청의 기준순환일에 따르면 우리 경기는 2013년 3월을 저점으로 확장국면에 접어들었는데, 2017년 하반기 이후에는 각종 경제지표들이 나빠지고 있다. 현재 경기를 판단하는 데 주로 이용되는 동행지수 순환변동치가 2017년 6월부터 하락 추세에 접어들었고, 향후 경기를 예측하는 선행지수 순환변동치 역시 그해 8월부터 계속 감소하고 있다. 이에 따라 통계청에서는 이미 경기 정점이 지나지 않았나 하는 논의를 시작했다고 한다. 경기 측면에서 금리를 인상할 유인이 별로 없다는 것이다.

물가는 어떤가? 한국은행은 통화정책의 최종목표를 물가상승률 자체에 두면서, 2016~2018년 소비자물가상승률 목표치를 2%로 설정했다. 2018년 4월 전망에서 올해 소비자물가가 1.6%에 상승한데 이어, 2019년에는 2% 올라 목표 수준에 근접할 것으로 전망했다. 2017년 상반기 소비자물가상승률은 전년동기비 1.4%로 한국은행이 4월에 예상했던 것과 같다.

문제는 2019년에 소비자물가가 2%까지 오를 것인가에 있다. 수요 측면에서 보면 현재도 실제 국내총생산GDP이 잠재 수준 이하에 머물고, 경기가 수축국면에 접어들었을 가능성이 높기 때문에 물가상승 압력이 낮다. 공급 측면에서는 물가가 오를 요인이 있는데, 특히 국제 유가 상승이다. 2018년 상반기 두바이유가 배럴당 평균 68달러였는데, 이는 2017년 53달러보다 28%나 높은 수준이다. 과거 통계로 분석해보면 국제유가는 2분기 정도 시차를 두고 소비자물가를 상승시켰다. 유가 상승으로 2019년에는 소비자물가상승률이 2%에 이를 수 있다. 그러나 2019년에는 중국 경제가 기업 중심으로 구조조정을 해야 하고 미국 경제성장마저 둔화될 가능성이 높기 때문에 유가가 여기서 더 이상 크게 상승할 확률은 낮아 보인다. 수요 측면에서 경기 둔화에 따른 물가상승률 하락 요인이 공급 측면에서 상승 요인보다 크기 때문에 2019년에도 소비자물가상승률은 2%를 밑돌 전망이다.

경기나 물가를 고려하면 기준금리를 올릴 필요는 없다는 의미이다. 그러나 갈수록 더 확대될 미국과의 금리 차이가 통화정책에 대한 의사결정을 어렵게 할 것이다. 미국의 실제 GDP와 잠재 GDP 차이가 하반기에 더 확대될 뿐만 아니라, 유가 상승의 시차 효과로 이미 목표치 2%를 넘어선 소비자물가상승률이 더 높아질 전망이다. 그래서 연방준비제도이사회는 2018년 하반기에도 연방기금금리를 두 차례 정도 인상할 것이다.

2001년 이후 통계로 분석해보면 한국의 기준금리는 미국의 연방기금금리에 10개월 정도 후행(상관계수 0.73)했다. 미국이 2015년 12월부터 정책금리를 인상하기 시작했고, 한국도 2017년 11월에 기준금리를 올렸다. 그러나 그 이후 미국은 6차례 추가로 더 올렸으나 한국은 한 차례 올린 후 1.5%를 유지하고 있다. 그만큼 한국과 미국의 경제 상황에 차이가 있는 것이다. 8월 이후에도 한미 경기나 물가 차이가 이전과 같을 것이기 때문에 한국은 기준금리를 유지할 가능성이 높아 보인다.

통화정책은 실물경제에 시차를 두고 영향을 미친다. 미국이 정책금리를 인상하면서 단기 금리는 오르고 있는데, 2018년 6월 장기 금리인 10년 국채수익률은 2.91%(월 평균)로 전월보다 0.07%포인트 하락하면서 장단기 금리 차이가 축소되고 있다. 3%의 금리에서 미국의 소비와 투자가 계속 증가하기 어렵다는 것을 금융시장이 미리 반영하고 있다. 2018년에는 미국도 정책금리를 올릴 가능성이 낮다는 의미이다. 우리 10년 국채수익률도 6월 2.66%로 1월 2.77%를 넘어서지 못하고 있는데, 그 이유를 생각하면서 각 경제주체가 대응해야 할 시기이다.

다음으로 한미 금리 차이 축소 혹은 역전에 따라 한국에서 외국인 자금이 유출될 것인가의 문제이다. 일반적으로 돈에는 눈이 있어 투자자금은 수익률이 높은 데로 이동한다. 미국 금리가 한국보다 높으면 자금이 한국 금융시장에서 미국 시장으로 빠져나갈 것이라는 이야기다.

그러나 실제통계로 분석해보면 전혀 다른 결과가 나온다. 2001년 1월~2017년 12월 통계로 한미 금리 차이(10년 국채수익률 차이)와 외국인 순증권투자자금의 상관관계를 분석해보면, 상관계수가 마이너스(-)0.49로 나타났다. 이론과는 달리 한미 금리 차이가 확대(축소)되었을 때 오히려 증권투자자금이 감소(증가)되었다는 것이다.

그 이유는 한국과 미국의 증권시장이 대체관계에 있지 않다는 데서 찾을 수 있다. 예를 들면 글로벌 금융시장이 불안할 때 외국 투자자들은 안전자산을 선호하면서 미국 국채를 사고 한국 국채를 팔게 된다. 그래서 이 시기에 미국의 국채수익률은 하락하고 한국 수익률은 상승해 한미 금리 차이가 확대되었는데도 투자 자금은 한국 시장에서 유출되었던 것이다.

또한 금리 차이가 환율에 미치는 영향도 이론과는 다르게 나타났다. 한미 금리 차이가 확대되면 한국 금융시장으로 자금이

[그림 2-7] 한미 10년 국채수익률 차이와 원/달러 환율

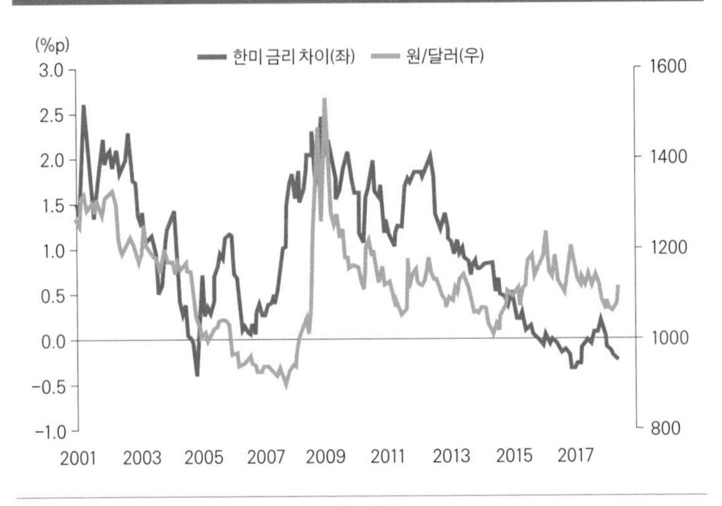

▶ 자료: Federal Reserve Economic Data, 한국은행

들어오고 원화 가치가 상승해야 한다. 그러나 한미 금리 차이와 원/달러 환율 사이의 상관계수가 0.45로 나타나 오히려 금리 차이가 커질(작아질) 때 원화 가치가 하락(상승)했다. 역시 한국과 미국의 국채가 대체재가 아니라는 데서 그 이유를 찾을 수 있다. 앞으로도 몇 년간 한국과 미국의 국채가 대체재가 될 가능성은 낮기 때문에 금리 차이는 외국인 자금 유출입이나 환율에 큰 영향을 주지 못할 것이다.

한미 금리 차이보다는 글로벌 금융시장 안정성 정도가 외국

인 자금 유출입이나 환율에 더 큰 영향을 주기 때문에 금융시장 동향을 면밀하게 관찰할 필요가 있다.

3장

한국 경제의 현실과 진로

01

한국 경제:
구조적 저성장국면에 진입하다

과연 한국 경제는 어디까지 와 있는가? 이제부터는 어디로 가야 하는가? 우리가 딛고 있는 지금의 상황을 정확히 진단하지 않으면 나아갈 방향을 설정할 수 없다. 이번 장은 이른바 '58년 개띠'인 나의 삶을 되돌아보면서 그 방향을 모색하는 것으로 시작해보겠다.

내가 태어난 1958년 무렵 한국은 지독히도 가난했다. 1인당 국민소득은 고작 81달러였다. 60여 년 전 물가를 감안한다 하더라도 이 정도의 국민소득으로는 하루 한 끼 먹는 것도 쉽지 않았다. 그러나 가난은 쉽게 떨쳐지지 않았다. 내가 중학교에 입학할 때인 1971년에도 1인당 국민소득은 겨우 292달러에 불과했다.

당시 내가 살던 시골에서는 초등학교를 졸업한 학생들의 절반 정도가 중학교에 진학하지 못했다. 학비를 댈 여력이 없었기 때문이다. 나 역시 중학교 문턱도 밟지 못하고 산으로 나무를 하러 다녀야 했다. 산에서 풀과 작은 나무를 베어서 말리고, 그것으로 밥을 지어먹던 시절이었다.

:: 58년 개띠, 어려운 환경에서 공부했지만 직장을 얻을 때는 고성장 ::

58년 개띠들이 대학에 진학할 무렵인 1977년 한국의 1인당 국민소득은 1000달러를 갓 넘어섰다. 그 후 한국 경제는 고속성장의 길에 들어섰다. 실질 국내총생산GDP이 1988년까지 연평균 10% 성장했다. '압축 성장'이라는 단어가 시사하는 것처럼 모든 자원을 경제성장에 집중한 결과였다. 여기다가 1980년대 중후반에는 '3저 호황'까지 가세했다. 전 세계적인 저금리, 저유가, 저달러(엔고)가 수출 주도형인 한국 경제에 활력을 불어넣은 것이다.

1980년 중후반에는 일자리가 넘쳐흘렀다. 학점이 조금 좋으면 서너 곳의 대기업 입사 시험에 합격하여 직장을 골라갈 수 있는 시대였다. 이들은 오로지 앞만 보고 일했으며, 치열하게 경쟁하면서 살아왔다. 1996년에 한국의 1인당 국민소득이 마침내 1만 달러를 넘어섰는데, 여기에는 그들이 큰 역할을 담당했다.

그들은 바쁜 직장 생활 가운데서도 가정을 꾸리고 집을 늘려갔다. 특히 본인들이 좋은 환경에서 공부하지 못했기 때문에 자녀들에게 교육 투자를 아끼지 않았다. 부모를 부양할 의무도 당연한 것으로 받아들였다.

:: 1997년 경제위기 이후 차별화 심화되고 고용 불안해져 ::

1997년, 이들에게 첫 번째 위기가 찾아왔다. 이른바 '국제통화기금IMF 경제위기'이다. 이 위기는 고성장 때 쌓인 기업과 은행의 부실을 처리하는 과정에서 찾아왔다.

내가 살아오면서 올림픽 경기가 서울에서 개최되었던 1988년처럼 한국 사회에 희망이 넘친 적은 없었다. 한국 경제는 계속

10% 이상의 고성장을 이어갈 것 같았다. 기업은 제품을 만들면 다 팔릴 것이라 생각했다. 그래서 대기업 중심으로 투자를 경쟁적으로 늘렸다.

그러나 1990년대 들어 물건이 점점 덜 팔리기 시작했다. 기업이 부실해졌고, 그들에게 돈을 빌려준 은행도 함께 부실해졌다. 신자유주의를 신봉하면서 자본시장을 외국인에게 개방했고, 그 대가로 1996년에 선진국 클럽인 경제협력개발기구OECD에 가입했다. 하지만 선진국의 돈은 냉혹했다. 한국 경제의 미래를 낙관적으로 내다보고 들어왔던 돈들은 위기 조짐이 나타나자 태도를 바꿔 썰물처럼 빠져나갔고, 달러가 바닥나면서 한국 경제는 결국 1997년 외환위기와 마주하게 되었다.

IMF는 한국에 혹독한 구조조정을 요구했다. 한때 시장금리가 30%를 넘었을 정도였다. 많은 기업들이 사라지고 수많은 근로자들이 직장을 잃었다. 40대에 접어든 58년 개띠들이 대리 혹은 과장으로 정열적으로 일할 때였다. 그들 중 적지 않은 사람들이 피눈물을 흘리며 직장을 떠나야만 했다.

한편, IMF 주도로 구조조정을 하는 과정에서 한국 기업의 투명성이 제고되었고, 살아남은 일부 대기업은 글로벌 경쟁력을 갖게 되었다. 한국의 경제성장률은 5% 안팎으로 떨어졌지만, 안정적인 성장 국면에 접어들었다는 평가도 나왔다. 이를 반영하여 277까지 떨어졌던 주가지수KOSPI가 2000을 돌파하기도 했다.

그러나 구조조정의 결과는 차별화와 고용 불안이었다. 살아남은 기업에 근무하는 '개띠' 근로자는 부장과 임원으로 승진하면서 부를 더 늘려갔지만, 자의 반 타의 반으로 회사를 떠난 사람들은 자영업을 선택했다. 1998년에는 전체 취업자 중 자영업자 비율이 29%(2016년 3월 기준 21%)까지 올라갔다. 그러나 자영업은 결코 녹록한 일이 아니었다. 1998~2007년 기업의 영업이익은 연평균 10.3% 증가했지만, 자영업의 이익은 2.9% 늘어나는데 그쳤다는 사실은 열악한 국내 자영업의 현실을 보여준다.

1997년 경제위기 이후 한국 경제의 큰 구조 변화 중 하나는 실물경제에 비해서 돈이 많아졌다는 것이다. 이른바 마샬케이(=총통화(M2)/경상GDP)가 빠른 속도로 증가했다. 구조조정을 마친 기업들이 이익은 더 냈으나, 상대적으로 투자를 줄인 결과물이다. 기업이 은행에서 돈을 빌려쓰는 비중은 줄어들었다. 1997년에 은행 돈의 70%가 기업으로 가고 나머지 30%는 가계로 갔으나, 2006년에는 기업대출과 가계대출 비중이 각각 48%와 52%로 역전되었다.

:: 국내외 경제위기 이후 잠재성장률 하락 ::

외환위기 때 20%를 넘었던 은행대출금리가 6~7%로 떨어지고 기업자금 수요부진으로 은행이 가계대출을 늘리자, 갑작스럽게 찾아온 저금리에 적응하지 못한 가계는 은행 돈을 빌려 소비를 늘렸다. 일부는 빌린 돈으로 더 큰 아파트로 이사했고, 주식투자에 손을 댔다. 당시 한 방송국에서 일하던 가까운 개띠 친구는 "은행 돈이 내 돈이다"라는 말까지 했다.

2002년에는 자금잉여주체인 개인이 5조 원 정도의 자금부족주체로 전환했다. 그 이후로도 가계부채는 계속 늘었고, 2018년 3월에는 비영리단체를 포함한 가계부채가 1710조 원에 이르면서 한국 경제의 뇌관으로 남아 있다. 가계부채가 가처분소득 대비 180%에 접근하고 있고, 100만 명 이상이 부채를 상환할 수 없을 정도의 상황에 처해 있다.

2008년은 '58년 개띠'에게 또 한 번의 시련으로 기억된 해다. 2008년 미국에서 시작한 글로벌 금융위기는 수출 주도로 성장한 한국 경제에 큰 타격을 주었다. 이명박 전 대통령은 선거공약으로 '747'을 제시했는데, 앞의 '7'은 경제성장률 7%를 달성하겠다는 것이었다. 그러나 집권기간 연평균 경제성장률은 3.2%로 목표의 절반에도 미치지 못했다.

문제는 한국 경제의 잠재성장률이 계속 떨어지는 데 있다. 한국개발연구원KDI은 현재 3% 정도인 잠재성장률이 2021~2025년에는 2.5%, 2026~2030년에는 1.8%로 낮아질 것으로 전망하고 있다. 잠재성장률을 결정하는 노동 증가세가 둔화되다가 2026년 이후에는 감소세로 전환하고, 기업들이 이미 높은 자본 스톡을 보유하고 있기 때문에 자본 증가세도 둔화될 것이라는 얘기이다.

또한 잠재성장률에 영향을 주는 총요소생산성은 하루 아침에 증가하는 것이 아니다. 경제성장률이 1980년대 10%에서 1997년 외환위기 이후 5% 안팎으로 떨어졌고, 이제 한국 경제가 3%만 성장해도 잘하는 시대에 접어들었다. 이미 한국의 국채(10년)수익률이 2016년 7월에는 1.4%로 낮아져 10년 후의 경제성장률이 2% 이하로 떨어질 것을 선반영하고 있다.

:: 1차 베이비붐 세대의 은퇴 ::

경제성장률이 낮아지면서 매년 커지는 경제 규모도 줄어들 것이다. 이를 나눠가는 과정에서 경쟁력 있는 기업은 더 가져가고 그렇지 못한 기업은 시장에서 퇴출될 전망이다. 산업은 존재하지만 그 산업 내의 기업체 수는 줄어들 것이라는 이야기이다. 이 과정에서 정년퇴직 연령에 도달하고 있는 58년 개띠를 비롯한 1차 베이비붐 세대(1955~63년생)가 직장을 먼저 떠날 것이다.

수명은 길어졌는데, 베이비붐 세대는 노후를 충분히 대비하지 못했다. 이들 세대가 가지고 있는 평균 자산이 2015년 기준으로 3억 2000만 원 정도라 한다. 서울은 5억 1000만 원으로 전국 평균보다 높다. 그러나 KB국민은행에 따르면 서울 아파트 중간 가격이 2018년 6월 기준 7억 8000만 원이다. 집값 상승에 따라 58년 개띠들이 가지고 있는 자산가치도 늘어났겠지만, 그저 아파트 한 채 소유하고 있는 셈이다.

그들이 교육에 아낌없이 투자했던 한두 명의 자녀들이 이제 갓 직장에 들어갔거나 직장을 찾고 있다. 몇 군데 회사에 합격하여 은퇴 준비를 하고 있는 부모에게 기쁨을 주는 학생도 있지만, 또 다른 상당수는 일자리를 찾지 못해 졸업 학기를 연장하고 있다. 2018년 5월 청년(15~29세) 실업률은 10.5%로 매우 높았고, 청년 실업자가 46만 명으로 전체 실업자(112만명)의 41%를 차지하고 있다. 나는 지난 3년 동안 교수로 재직하면서 학생들이 입사 소식을 전해줄 때가 가장 기뻤다. 인턴 자리를 잡았다는 메시

지마저 반갑다.

지금까지 58년 개띠를 통해 한국의 경제 현황을 살펴보았다. 안타깝게도 우리가 마주한 상황은 결코 녹록한 것이 아니다. 경제성장은 더디기만 하고 가계와 개인의 부채는 늘어만 간다. 기업 역시 양극화 문제가 심각하다. 그렇다면, 우리가 할 수 있는 일은 무엇일까? 우리는 어떻게 대응해야 할 것인가?

02

잠재성장률을 제고하라

대통령이 바뀔 때마다 경제성장률이 단계적으로 낮아지고 있다. 박정희와 전두환 정부 때 연평균 10%를 기록했던 경제성장률이 김영삼 정부 때는 7.8%로 낮아졌다. 그 후 1997년 외환위기를 겪으면서 김대중 정부 시기에는 5.3%로 떨어졌고, 이명박 정부에서는 3.2% 성장하는 데 그쳤다. 경제 규모가 커질수록 경제성장률이 낮아지는 것은 당연하지만, 계단식으로 너무 빨리 내려오고 있다. 박근혜 정부에서 잠재성장률을 4%로 올리겠다는 목표를 제시했지만, 3.0%로 또 떨어졌다. 문재인 정부는 소득 주도의 성장과 혁신 성장을 내세우면서 경제성장 계단을 올리려고 하지만 오히려 또 한 단계 내려갈 가능성이 높다.

핵심은 잠재경제성장률을 높이는 것이다. 잠재성장률을 결정하는 요소는 노동, 자본, 총요소생산성이다. 이 중에서도 노동력이 가장 중요하다. KDI에 따르면 2026년 이후에는 노동이 감소하면서 잠재성장률이 떨어질 전망이다. 외국인 노동자 유입을 제외하면 이미 인구구조는 '주어진 것'이다. 이러한 인구구조 내에서 노동력을 늘릴 수밖에 없다. 우선적으로 여성의 노동력을 적극 활용해야 한다.

내가 경상대학에 입학했을 때, 여학생은 한 학년에 1~2명에 지나지 않았다. 그러나 지금은 경상대에도 여학생이 거의 절반 정도(서강대의 경우 2016년 신입생 중 38%)를 차지하고 있다. 다른 학과도 마찬가지이다. 그럼에도 불구하고 여성의 경제활동참가율은 남자보다 훨씬 낮다. 2018년 5월 기준으로 경제활동참가율(15세 이상 인구 중 경제활동인구)이 남자의 경우 74.5%이나 여성은 53.6%로 훨씬 낮다. 특히 30~39세 여성의 경제활동참가율은 63.5%로 가장 낮은 수준에 머물고 있다. 바로 육아 때문이다.

건강보험공단에 따르면 2015년 한 해 초등학교 1~3학년 자녀를 둔 20~40대 직장 여성 3만 1789명이 회사를 그만둔 것으로

[그림 3-1] 대통령 재직 기간 중 연평균 경제성장률과 주요 경제정책

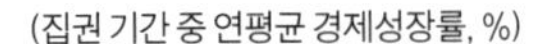

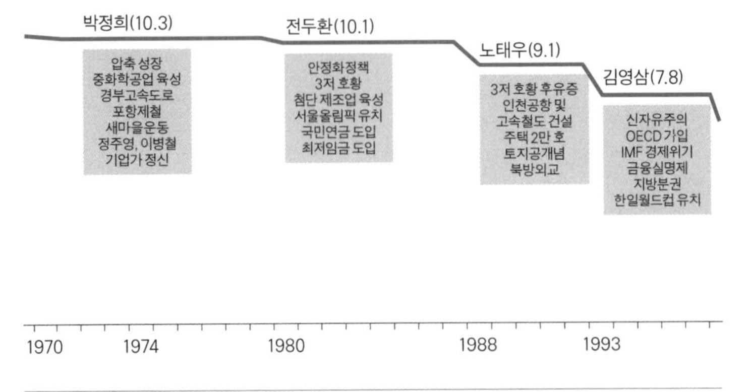

▶ 전두환의 경우 1980년은 제외, 문재인은 전망치. 자료: 한국은행, 김영익금융경제연구소

나타났다. 학교나 회사에서 이들 초등학생들을 보살펴 여성이 일을 계속 할 수 있도록 해야 한다. 이와 더불어 직장을 은퇴하는 1차 베이비붐 세대가 육아 도우미 역할을 해주면 여성 노동력 활용으로 잠재 성장률 둔화 속도를 어느 정도 완화시킬 수 있다.

그러나 이미 인구구조는 주어졌기 때문에 노동 증가를 기대하기는 쉽지 않다. 그렇다면 기업투자가 증가하거나 생산성이 향상되어야 한다. 전 세계 경제가 초과공급을 해소하기 위해서 구조조정을 해야 하는 시기에 한국 기업만이 투자를 늘릴 수 있는 상황은 아니다.

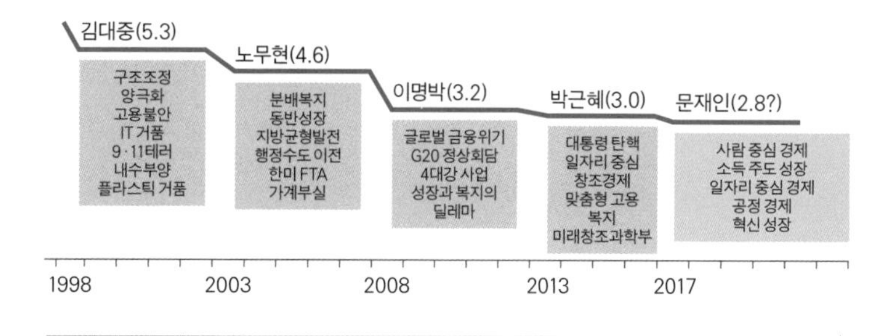

그렇다면 잠재성장률을 올리는 방법은 총요소생산성을 향상시키는 것 외에 특별한 것이 없다. 노사 간 나아가서는 국민적 차원에서 대타협을 이뤄야 하는데, 각 경제주체 간 이해 관계 차이로 이마저도 쉽지 않다.

:: 국민소득 가운데 가계 비중은 낮아지고 기업 몫은 증가 ::

경제성장률이 낮아지면서 경제주체 간 혹은 경제주체 내의 소득 차별화가 심화되고 있다. 국민소득GNI이 생기면 그 소득을 개인, 기업, 정부 등 경제주체가 나눠갖게 된다. 한국은행 국민계정 통계에 따르면 1997년과 2008년 국내외 경제위기를 겪으면서 가계는 상대적으로 가난해지고 기업은 부자가 된 것으로 나타났다. 예를 들면 국민소득 중 개인 몫이 1997년 경제위기 이전에는 71% 정도였는데, 2008년 이후로는 62%(2017년 61.3%)로 낮아졌다. 이와는 달리 같은 기간 동안 국민소득 중 기업 비중은 17%에서 25%(2017년 24.7%)로 높아졌다. 여기서 기업 비중은 금융기업(3.1%)과 비금융기업(21.6%) 몫을 합한 것이다.

국민소득 중에서 개인 비중이 낮아진 이유로는 우선 임금상승률이 기업이익증가율에 미치지 못한 데서 찾을 수 있다. 1997년 이전에는 임금상승률이 기업이익증가율을 다소 웃돌았다. 국민계정에 나타난 통계를 보면 1990~1997년에는 기업이익증가율이 연평균 15.5%였으나 임금상승률은 16.2%로 약간 높았다. 그러나 그 이후로는 상황이 역전되었다. 1997년 외환위기

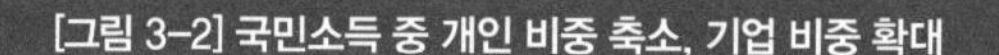
[그림 3-2] 국민소득 중 개인 비중 축소, 기업 비중 확대

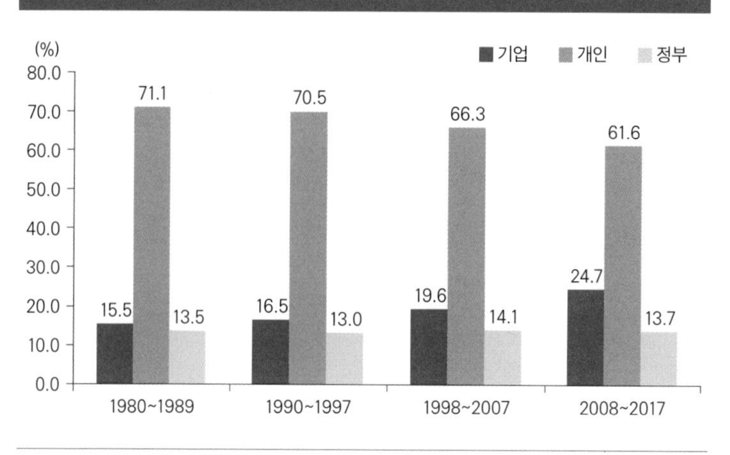

▶ 자료: 한국은행

이후 2007년까지 임금상승률은 연평균 6.9%로 기업이익증가율(10.3%)보다 훨씬 낮았다. 2008년부터는 그 차이가 줄어드는 중이지만, 기업이익증가율이 임금상승률보다 높은 상태가 지속되고 있다.

개인소득이 상대적으로 줄어든 두 번째 이유는 자영업자가 어려움을 겪고 있는 것에 있다. 한국의 취업자 중 비임금근로자가 2018년 5월 기준 25.4%(자영업자 21.1%)를 차지하고 있다. 그러나 자영업의 영업환경은 최근으로 올수록 더 어려워지고 있다. 2008년에서 2017년 사이에 기업의 영업이익증가율은 연평

[그림 3-3] 지속되는 자영업의 어려움

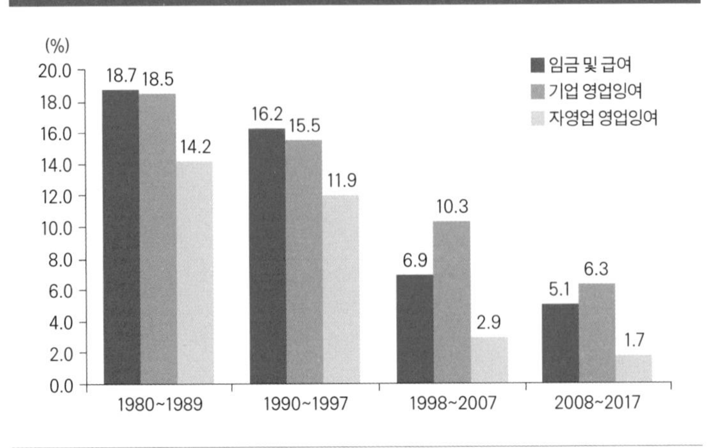

▶ 자료: 한국은행

균 6.3%였으나 자영업의 경우는 1.7%에 그쳤다. 이에 따라 가계소득이 전체 국민소득에서 차지하는 비중이 줄어들었을 뿐만 아니라, 가계소득에서도 자영업 영업이익이 차지하는 몫 역시 1996년 23.2%에서 2017년에는 12.6%로 크게 낮아졌다.

:: 가계의 이자소득 감소 ::

가계가 가난해진 세 번째 이유는 이자소득의 감소에 있다. 개인의 순이자소득은 2001년에 20조 4000억 원으로 사상 최고치를 기록한 후 줄어들기 시작했다. 그러다가 2016년부터는 1975년 이후 처음으로 마이너스로 돌아섰고, 2017년에는 3886억 원의 이자를 더 부담했다.

이자소득이 이처럼 감소하고 있는 것은 개인부채 증가와 저금리에 기인한다. 우선 개인의 금융부채가 큰 폭으로 증가했다. 1998년 개인의 금융부채가 226조 원이었으나, 2017년에는 1687조 원으로 거의 8배나 증가했다. 이에 따라 금리가 하락했음에도 불구하고 개인의 이자 부담은 같은 기간 28조 5000억 원에서 34조 5000억 원(2011년 48조 3000억 원)으로 증가했다.

[그림 3-4] 가계의 순이자소득 감소

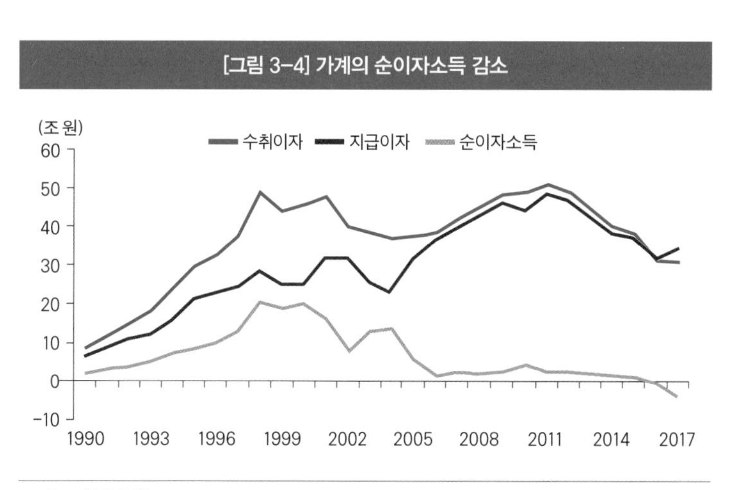

▶ 자료: 한국은행

다른 한편으로는 구조적으로 낮아진 금리 때문에 가계 이자소득이 줄었다. 1998년 연평균 13.3%였던 저축성예금의 수신금리가 2015년에는 1.6%까지 하락했다. 이 기간 동안 개인의 금융자산이 651조에서 3668조 원으로 늘었음에도 이자소득은 48조 7000억 원에서 30조 6000억 원으로 오히려 줄어들었다.

가계는 자금의 잉여주체이고 기업은 자금의 부족주체이다. 금리가 하락하면 국민경제 내에서 소득이 가계에서 기업으로 이전되는 것이다. 앞으로 금리는 더 떨어질 가능성이 높다. 한국 경제에서 저축률이 투자율을 웃도는 현상이 지속되고 있는데다가 기업의 자금 수요 감소로 은행이 채권 매수를 늘릴 것이기 때문이다(이에 대해서는 다음 장에서 자세히 살펴볼 것이다).

:: 기업소득을 가계소득으로 이전할 수 있도록 해야 ::

앞서 살펴본 것처럼 두 차례 국내외 경제위기를 겪으면서 기업에 비해선 가계가 상대적으로 가난해졌는데, 가계 내에도 차별화가 심화되고 있다. IMF에 따르면 2013년 기준 한국의 상위 10% 소득 점유율이 45%로 1995년 29%에서 급격하게 증가했다. 이는 아시아에서 최고 수준일 뿐만 아니라, 세계에서도 미국(48%) 다음으로 높은 것으로 나타났다.

영업이익보다 낮은 임금 상승과 저금리로 기업은 상대적으로 부자가 되었으나 가계는 가난해졌다. 따라서 기업소득 일부를 가계소득으로 이전할 필요가 있다. 이미 한국 정부도 기업에게 "임금을 올려라, 투자를 더해 달라, 배당을 늘려라"라는 처방을 내렸다. 그러나 작동이 잘 되지 않고 있다. 기업은 임금의 하방경직성(수요공급의 법칙에 의해 내려야 할 가격이 어떤 사정으로 내리지 않는 것) 때문에 임금을 올리지 못하겠다는 것이다.

또한 한국 기업은 충분한 현금성 자산을 가지고 있는데, 세계경제의 공급과잉으로 투자도 늘리지 못하고 있는 상황이다. 그래서 배당금만 서서히 늘리고 있다. 가계는 직간접적으로 배당투자를 해서라도 기업소득 일부를 얻어내야 한다. 그러나 배당을 통한 소득은 주식을 가지고 있어야 가능하다. 은퇴했거나 은퇴를 앞둔 58년 개띠를 포함한 1차 베이비붐 세대는 수명 연장을 포함한 미래에 대한 불확실성 때문에 돈을 은행예금이나 국채 등 안전자산에 맡기고 주식투자를 줄이고 있다. 아니, 주식을 살 돈이 별로 없다. 2008년 8월 144조 원까지 올라갔던 주식형 펀드는 2018년 7월 기준 80조 원 정도로 떨어졌다. 배당소득이 낮은 사람에게는 배당세금 전액을 면제하는 조치까지 고려해야 할 것이다.

앞으로 한국 경제의 잠재성장률이 2%대에서 1%대로 떨어지면서 살아남은 기업은 더 잘되고 그렇지 못한 기업은 시장에서 사라질 것이다. 따라서 기업도 가계도 차별화가 더 심각해질 전망이다. 이제 각 경제주체가 상대방의 눈을 마주 보면서 고용과 소득을 나눠야 한다. 돈 많은 대기업의 노력과 차별적 재정정책으로 이를 부분적으로 달성할 수 있을 것이다.

03

한국 경제, 경기순환상 위치는?

경기는 확장과 수축을 반복하면서 하나의 순환주기를 형성한다. 경기순환에서 가장 중요한 특징 가운데 하나는 경기 확장은 완만하게 오래 진행되지만 수축 기간은 짧고 기울기가 급하다는 것이다. 특히 주식시장이 이런 경기순환을 반영하면서 오랫동안 천천히 오르다가 경기 정점 이전에 급격하는 떨어지는 경향이 있다. 그래서 경기순환은 금융시장 참여자에게 매우 중요하다.

그렇다면 현재 한국 경제는 경기순환상 어디에 위치하고 있을까? 통계청은 1972년부터 구체적으로 경기가 저점과 정점을 기

[표 3-1] 한국의 기준순환일

순환	기준순환일			지속기간(개월)			비고
	저점	정점	저점	확장	수축	주기	
제1순환	1972.3	1974.2	1975.6	23	16	39	- 72년 새마을 운동 - 73년 1차 석유파동
제2순환	1975.6	1979.2	1980.9	44	19	63	- 중동 건설 붐 - 제2차 석유파동
제3순환	1980.9	1984.2	1985.9	41	19	60	- 사회, 정치적 혼란에서 탈피
제4순환	1985.9	1988.1	1989.7	28	18	46	- 3저 현상, 서울올림픽
제5순환	1989.7	1992.1	1993.1	30	12	42	- 신도시 건설
제6순환	1993.1	1996.3	1998.8	38	29	67	- 일부 중화학공업 호조
제7순환	1998.8	2000.8	2001.7	24	11	35	- 세계 경제의 IT 붐 - 저금리와 내수 증가
제8순환	2001.7	2002.12	2005.4	17	28	45	- 소비의 급등과 급락
제9순환	2005.4	2008.1	2009.2	33	13	46	- 대중 수출의 급등과 둔화 - 2008년 글로벌 금융위기
제10순환	2009.2	2011.8	2013.3	30	19	49	- 선진국의 재정 및 통화 확대 정책
제11순환	2013.3						
평균				31	18	49	

▶ 평균은 1~10순환 기준. 자료: 통계청

록한 월(기준순환일)을 발표하고 있다. 이에 따르면 우리 경제는 1972년 3월부터 2013년 3월까지 10번의 순환을 거쳤다. 이 기간 동안 평균 확장국면은 31개월, 수축국면은 18개월이었다. 통계청은 2013년 3월을 잠정적인 경기 저점으로 잡고 있다. 지금까지 확장국면이 이어지고 있다면, 63개월로 경기순환 역사상 가장 긴 것이다.

그러나 최근 발표되는 경제지표를 보면 경기가 점차 수축국면에 접어들고 있는 모습이다. 경기순환을 판단할 때 가장 중요한 지표가 통계청의 동행지수 순환변동치이다. 지난 경기순환에서는 이 지표가 변동성이 커서 경기 확장과 수축을 비교적 명확하게 구분할 수 있었다. 그런데 2010년 이후로는 장기 추세를 나타내는 100 주변에서 미세한 변동을 보여 경기 판단을 어렵게 하고 있다. 그럼에도 불구하고 동행지수 순환변동치가 2017년 6월부터 하락 또는 정체 상태를 보이고 있다.

현재의 경기 특히 제조업 경기를 판단할 수 있는 지표가 재고/출하 비율(=재고지수/출하지수)이다. 2018년 3월 이 비율이 113.9%로 한국 경제가 외환위기를 겪었던 1998년 9월(122.9%) 이후 최고치를 기록했다(5월에는 108.7%로 다소 떨어졌다). 그만큼 기업들이 생산한 물건을 팔지 못하고 재고로 쌓아두고 있다는 의미이다. 높은 재고 때문에 제조업 생산이 2017년 10월부터 비교적 큰 폭으로 감소하고 있으며, 2018년 5월까지 제조업 평균가동률도 71.9%로 매우 낮은 수준을 유지하고 있다. 미국에서 시작된 금융위기가 전 세계로 확산되면서 세계 경제가 침체를 겪었던 2009년에도 한국의 제조업 평균가동률은 74.4%로 지금보다 높았다.

2018년 상반기 수출이 전년 같은 기간에 비해 6.9% 증가했는데 2017년 상반기의 수출증가율 15.7%보다 낮아졌다. 2018년 하반기 이후에도 주요 수출국인 중국과 미국의 경제성장 동력이 약화되면서 수출증가세 둔화는 지속될 전망이다. 미중 무역전쟁도 한국 수출을 감소시키는 요인으로 작용할 것이다.

향후 몇 개월 후의 경기를 전망하는 데 사용되는 통계청의 선행지수 순환변동치 역시 2017년 8월부터 계속 하락하고 있

[그림 3-5] 동행지수 순환변동치 추이

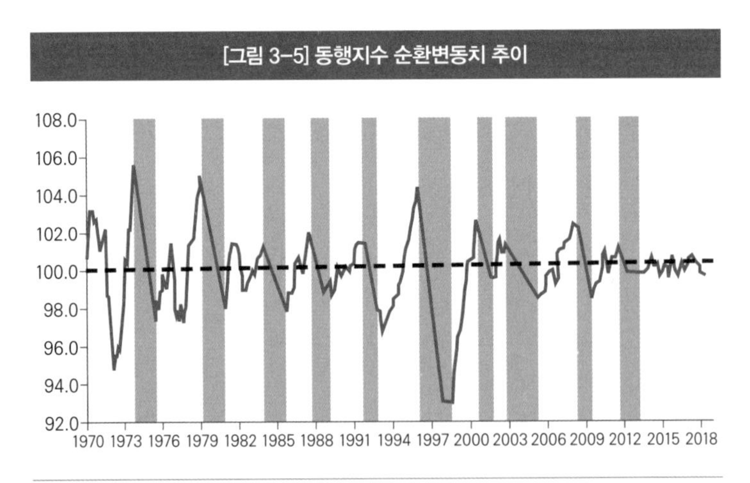

▶ 어두운 부분은 경기 수축국면. 자료: 통계청

다. 또한 경제협력개발기구OECD에서 발표하는 한국 선행지수도 2017년 4월을 정점으로 하락 추세를 이어가고 있다.

이런 경제지표 둔화를 채권시장과 주식시장이 미리 반영하고 있다. 미국이 2018년 3월에 연방기금금리를 인상했고 2019년까지 4~5차례 더 올릴 것이라는 전망이 지배적이다. 또한 한국은행도 기준금리를 뒤따라 인상할 것이라는 예측이 많다. 그러나 시장금리는 2018년 2월 하순 이후 안정세를 보이고 있고, 1월 말에 2600선을 잠시 넘었던 주가지수KOSPI도 그 이후 조정국면에 접어들었다. 앞으로 몇 개월 더 경제지표를 지켜보아야 하겠지만 갈수록 경기 확장보다는 수축국면에 접어들 확률이 높아질 것이다. 경기에 선행하는 주가가 먼저 떨어지면서 이를 예고해주고 있다.

04

소득 주도의 성장이 필요한 이유

전 세계 경제가 잠재 능력 이하로 성장하고 있다. 또한 거의 모든 산업이 초과공급 상태에 놓여 있다. 수요 기반이 확충되지 않으면 세계 경제는 이대로 장기 침체국면에 빠질 가능성이 높다.

미국 연방준비제도이사회의 의장이었던 벤 버냉키 등이 쓴 경제원론을 보면 '신발공장 이야기'라는 할머니와 손자의 대화가 나온다.

"1930년대 중반이었지. 우리 부모들은 아이들에게 새 신발 한 짝을 사줄 수 있는 게 행복이었어. 그때는 많은 아이들이 신발이 찢어질 때까지 신어야 했고, 몇몇 아이들은 맨발로 학교에 다녀야 했단다."

"왜 그들의 부모들은 신발을 사주지 않았죠?"

"살 수가 없었단다. 돈이 없었지. 대부분의 아버지들이 대공황 때문에 직장을 잃었거든."

"어떤 직장을 가지고 있었는데요?"

"신발공장에서 일했는데, 공장이 문을 닫아야만 했지."

"왜 공장이 문을 닫아야 했나요?"

"왜냐하면 아무도 신발을 살 돈이 없었거든."

"신발공장이 다시 문을 열어 아이들에게 필요했던 신발을 생산하면 되잖아요."

"세상 일이 그렇게 돌아가지 않았단다…."

현재 세계 경제의 가장 큰 문제는 가계가 가난해져 '신발'을 살 돈이 점차 줄어들고 있다는 데 있다. 생산활동을 통해 국민소득이 생기면 그 소득을 가계, 기업, 정부 등 각 경제주체가 나눠갖는다. 그런데 가계가 가져가는 소득 비중은 줄고 기업 몫은 늘었다.

앞서 이야기한 바 있지만 우리나라의 경우에도 1997년 외환위기 이전에는 국민총소득 가운데 가계 비중이 71%였으나 최근에는 62%로 낮아졌다. 반면 기업 비중은 17%에서 25%로 높아졌다. 이런 현상은 정도의 차이가 있을 뿐 세계 각 국가경제에서 공통적으로 나타나고 있다.

기업은 상대적으로 부자가 되고 가계는 가난해진 것이다. 실제로 주요 선진국의 가계 실질소득은 2000년 이후 줄어들고 있다. 예를 들면 2014년 미국 가구의 실질소득(중앙값 기준)이 5만 3657달러였는데, 이는 1999년 5만 7843달러보다 7.2% 감소한 수준이다.

실질소득이 이처럼 줄어들다 보니 가계는 소비 수준을 유지하기 위해 금융회사에서 돈을 빌릴 수밖에 없었다. 이에 따라 가계 금융부채는 심각한 상황에 이르고 있다. 우리 가계부채가 가처분소득의 170%를 넘어선 것이 대표적인 예이다.

금리가 올라가면 가계는 부채를 상환하기 어렵다. 그래서 각국 정부는 저금리정책을 계속 유지할 것이다. 가계부채를 더 키워가면서 경제성장을 유도해야 하는 상황인 것이다.

그러나 더 큰 문제는 저금리가 소비에 미치는 영향이 갈수록 줄어들 것이라는 데 있다. 빠른 속도로 진행되고 있는 인구 고령화로 인해 소비는 늘기 어렵다. 여기다가 주가와 집값 등 자산 가격마저 하락하면 미래 경제에 대한 불확실성이 더 커지면서 소비심리는 크게 위축될 가능성이 높다.

가계가 신발을 사주지 않으면 신발공장도 망한다. 상대적으로 가난해진 가계가 소비를 할 수 있도록 기업이 임금 인상이나 고용 증대를 통해 먼저 나서야 한다. 더불어 조세 등을 통한 정부의 소득분배 역할이 더 확대되어야 할 것이다. 노동 공급자일 뿐만 아니라 수요자로의 가계 역할이 더 강조되어야 할 시기이다. 문재인 정부가 추구하고 있는 소득 주도의 성장은 이러한 상황을 반영한 것으로 볼 수 있다.

05

한미 경제정책의 차이

트럼프 정부가 들어선 후 미국은 법인세와 소득세를 인하했다. 그러나 한국의 문재인 정부는 그 반대로 이익이 많은 기업의 법인세와 고소득 개인의 소득세를 올렸다. 국민계정이나 자금순환을 보면 어떤 정책이 더 합리적인지 답이 나온다.

국민계정이란 일정 기간 국민경제의 모든 구성원이 이룩한 경제활동의 성과 즉, 국가의 재무제표이다. 국민계정에는 생산된 소득이 각 경제주체에 어떻게 분배되는가를 보여주는 소득계정이 있다. 이에 따르면 세계 주요국의 국민총소득GNI에서 기업이 차지하는 비중은 늘고 가계 몫은 줄어들고 있다.

특히 한국의 경우 1997년 외환위기와 2008년 글로벌 금융위기를 겪으면서 기업(금융회사 포함)은 부자가 되었고, 가계는 가난해졌다. 앞서 살펴본 것처럼 1990~1997년에 GNI 가운데 기업소득 비중은 평균 16.5%였으나, 2008~2017년에는 24.7%로 올라갔다. 그와는 달리 개인 비중은 같은 기간 70.5%에서 61.6%로 낮아졌다.

글로벌 컨설팅 전문업체인 맥킨지는 〈부모보다 가난한 자식세대〉(2016.7)라는 제목의 보고서에서 25개 선진국 가계의 2014년 실질소득이 2005년에 비해 줄었고, 소득 수준이 낮은 가계소득이 더 감소했다는 것을 보여주었다. 미국 가계의 81%가 소득 감소를 경험해 조사 대상국 중 이탈리아 다음으로 높았다. 이 보고서는 앞으로도 기계와 로봇이 일자리를 대체하면서 2025년에는 가계소득이 더 낮아질 것으로 경고하고 있다.

이 기간 동안에 경제가 성장하면서 전체 국민소득은 늘었으나, 소득 중 가계 비중이 낮아져 가계가 가난해졌다. 또한 가계 내에서도 소득격차가 확대되었다.

세계 상위 소득 데이터베이스에 따르면 미국의 경우 상위 10%의 소득집중도가 48%(2012년 기준)였고, 그다음으로 한국이 45%로 높았다. 특히 한국의 경우 1995년 29%에서 가장 빠르게 증가했다. 최근 통계가 나온다면, 모르기는 몰라도 소득 불평등 정도는 더 심해졌을 것이다.

이제 자금순환계정을 보자. 자금순환표는 국민경제를 구성하는 정부, 기업, 가계 등 경제부문 간의 자금흐름을 체계적으로 정리한 통계로, 경제 각 부문의 자금조달 및 운용 패턴 등을 파악하게 해준다. 자금순환표에서 가계는 금융회사나 금융시장에 저축한 돈이 빌려 쓴 돈보다 많아 자금잉여주체이고, 기업(금융기업 제외)은 주로 투자와 생산활동을 하기 위해서 금융시장에서 조달한 돈이 운용한 것보다 많은 자금부족주체이다.

그런데 주요 선진국에서 기업이 자금잉여주체로 전환되고 있다. 일본은 1998년부터 기업이 금융회사나 금융시장에서 조달한 돈보다 운용한 돈이 많아졌다. 유로존의 경우에는 2012년부터, 미국의 경우에는 2015년부터 기업이 자금잉여주체로 전환되었다. 이것은 기업이 돈이 부족해서 투자하지 못한 것이 아니라는 사실을 보여주는 통계이다.

한국 기업도 자금부족주체에서 잉여주체로 전환하는 과정에 있다. 한국은행의 자금순환표에 따르면 국내총생산GDP에서 기업 자금부족액이 차지하는 비중이 2008년 4분기 9.1%에서

2017년 4분기에는 0.8%로 크게 줄었다. 늦어도 2년 이내에 한국 기업도 자금잉여주체로 전환할 가능성이 높다.

트럼프 대통령이 경제참모로부터 국민계정과 자금순환계정을 한 번이라도 들었다면, 법인세와 소득세를 쉽게 인하하지 않았을 것이다. 반면 한국의 경제정책은 현 상황을 반영하고 있다. 이제 규제를 대폭 완화해 기업의 투자심리를 북돋을 일만 남았다.

06

리디노미네이션을 검토하라

2017년 한국 경제는 내수와 수출이 함께 증가하면서 3.1% 정도 성장했다. 그러나 2018년 하반기 이후에는 반도체 중심으로 수출 증가세가 크게 둔화되면서 경제성장률이 낮아질 가능성이 높다. 이러한 상황에서 나는 '리디노미네이션redenomination(화폐 개혁)'을 제안하고자 한다. 리디노미네이션을 실행함으로써 내수를 부양할 수 있기 때문이다. 또한 확대된 경제 규모로 보아도 지금은 화폐 단위 변경이 필요한 시점이다.

리디노미네이션은 화폐 가치 변동 없이 화폐 액면 단위만 바

꾸는 것인데, 우리나라에서는 1953년과 1962년에 두 번 단행되었다. 이제 세 번째 리디노미네이션을 해야 할 여건이 조성되고 있는데, 다음 다섯 가지 이유 때문이다.

첫째, 우리나라의 경제 규모가 커졌다. 2017년 명목 국내총생산GDP은 1730조 원으로 추정되는데, 2차 화폐 단위 변경을 했던 1962년(3658억 원)보다 4730배나 확대되었다. 우리 전체 금융자산이 2010년부터 1경(10,000,000,000,000,000) 원을 넘어섰고, 2018년 3월에는 1경 6871조 원에 이르렀다. 따라서 거래 단위의 편리성이 요구된다. 이미 대부분 커피숍에서 5000원에 해당하는 커피 값을 '5.0'으로 표시하고 있지 않은가.

둘째, 우리나라의 대외 위상을 제고시킬 필요가 있다. 2017년 한국의 수출은 5739억 달러로 세계 6위인데, 1달러당 1100원대의 환율은 너무 높다. 한국보다 경제 규모가 작은 대만 통화는 2017년 말 기준 미 달러당 29.7대만 달러, 싱가포르 1.34싱가포르 달러, 말레이시아 4.05링깃 등으로 단위가 낮다. 중국 위안 환율도 달러당 6.51위안 정도이다.

셋째, 리디노미네이션을 통해 내수를 부양할 수 있다. 화폐 단위가 변경되면 은행은 현금지급기는 물론 금융거래 관련 각종 소프트웨어를 대체해야 한다. 기업도 생산된 제품의 가격표를 바꿔야 한다. 관련 기업에게는 비용이겠지만, 재화와 서비스를 제공하는 다른 기업에게는 그만큼 수입이 된다. 2004년에 리디노미네이션 논의가 있었는데 당시 제지, 잉크, 컴퓨터, 자동판매기 교체 비용 등으로 약 5조 원 정도의 부가가치가 창출될 것으로 기대했었다. 그때보다 우리 경제 규모가 두 배 정도 확대된 만큼 지금 리디노미네이션을 단행하면 그 효과도 클 것이다.

넷째, 지하경제 양성화에 따른 세수 증대 효과도 기대해볼 수 있다. 우리나라 지하경제 규모는 추정 방법에 따라 GDP의 8~25%로 크게 다르다. 지하경제가 GDP의 8%라 해도 그 규모는 139조 원에 이른다. 리디노미네이션의 경우 숨어 있던 돈이 밖으로 나오면서 세수나 소비지출 증가를 초래할 수 있고, 그 과정에서 자연스럽게 돈이 돌게 된다. 2017년 11월 말 기준으로 5만 원권 발행 잔액이 86조 원으로 화폐 발행액 중 80%를 차지하고 있지만 5만 원권의 환수율은 낮다. 물론 2017년 11월까지 환수율이 46%로 2014년의 26%보다 높아졌지만, 아직도 절반에 불과하다. 우리 통화승수(=M2/본원통화)가 2017년 16배였는데, 2008년 26배에 비해 크게 떨어졌다. 통화승수가 이처럼 급락한 것은 가계의 현금통화 보유 비율이 크게 늘어난 데 기인한 것으로 추정된다. 화폐 단위가 변경되면 단기적일 수도 있지만,

일단 돈이 회전된다.

다섯째, 화폐 단위 변경의 경우 일시적으로 각종 자산 가격이 오르면서 소비심리를 개선시킬 수 있다. 상대 가격의 변화는 없지만 절대 가격이 낮아지기 때문이다. 예를 들면 최근 삼성전자 주가가 5만 원 안팎에서 거래되고 있는데, 화폐 단위가 100분의 1로 변경되면 이 회사 주가는 500원이 되어 싸게 보인다. 부동산도 마찬가지로 우선은 저렴해 보일 것이다.

이러한 이유 외에도 장기적으로 남북통일을 대비해서라도 리디노미네이션을 검토하고 단행할 필요가 있다.

4장

0% 금리 시대의 충격

01
0% 금리 시대가 온다

중장기적으로 금리 하락세가 지속되고 있다. 머지않아 우리나라에서도 시장금리가 '0%'대로 떨어지고 각 경제주체에 큰 영향을 주게 될 것이다. 금융회사들은 해외로 나가 돈을 벌고, 수명이 길어진 개인들도 일하면서 저금리 시대에 적극 대비해야 할 것이다.

:: 자금잉여 경제로 전환 ::

1997년 외환위기는 우리 경제에 본질적인 구조적 변화를 가져왔다. 외환위기 이전은 기업의 과잉투자로 인해 투자가 저축보다 많은 시기였다. 국민경제 전체적으로 보면 투자는 자금 수요이고, 저축은 자금 공급이다. 투자가 저축보다 많다 보니 우리 경제는 언제나 자금이 부족했고, 이에 따라 고금리가 지속되었다.

그러나 외환위기 이후 상황이 역전되었다. 위기를 겪으면서 혹독한 구조조정을 경험했던 우리 기업들이 투자를 상대적으로 줄인 것이다. 결국 저축이 투자보다 많아져 우리 경제에 자금이 남아돌게 되었다. "IMF 경제위기 이전에는 목에다 힘을 주고 다녔는데, 지금은 고개 숙이고 다닌다"라는 어떤 은행 지점장의 농담이 우리 경제 환경의 구조적 변화를 단적으로 보여준다. 1997년 이전에는 기업이 은행에 돈을 빌려달라고 사정했는데, 지금은 자금이 남아돌아 은행 지점장이 기업에 가서 돈 좀 써달라고 고개를 숙인다는 것이다.

앞으로도 저축이 투자보다 많은 현상이 지속될 가능성이 높다. 우선 가계소비심리가 위축되면서 저축률이 계속 올라가고 있다. 2002년에 1.0%까지 떨어졌던 우리나라 가계 순저축률이

2017년에는 7.7%로 2001년 이후 최고치를 기록했다. 저금리와 주식시장 부진으로 금융자산이 별로 늘어나지 않는 상황에서 갈수록 고용마저 불안해지고 있기 때문에 가계가 불확실한 미래를 대비하기 위해 저축을 늘리는 것이다. 여기다가 길어진 수명도 현재의 소비를 줄이는 중요한 요인으로 작용한다.

한국은행의 자금순환에 따르면 2018년 3월 말 기준 우리 기업들은 594조 원에 이르는 현금성 자산을 보유하고 있다. 그러나 기업들은 마땅한 투자처를 찾지 못하고 있기 때문에 투자를 크게 늘리지 않고 있다. 돈이 돌지 않으면 경제는 살아날 수 없다. 정부가 기업에게 직원들의 임금 인상이나 배당 확대를 유도하고 있는 이유가 바로 여기에 있다.

:: 기업의 자금 수요 감소로 은행 채권 매수 ::

저축이 투자보다 많은 상황에 더해 우리 은행과 중국인이 채권을 사면서 금리는 더 하락할 가능성이 높다. 우선 은행의 자금 운용 형태부터 살펴보자. 은행은 돈이 들어오면 그 돈으로 대출과 유가증권 투자를 통해 자금을 운용한다. 대출의 대상은 가계

혹은 기업이다. 유가증권은 크게 주식과 채권으로 분류된다.

정도의 문제이지 우리 경제가 가는 방향은 일본을 뒤따르고 있다. 은행의 자산 운용 형태도 마찬가지이다. 일반적으로 기업은 투자를 위해 금융회사에 저축한 돈보다 빌려쓴 돈이 더 많다. 그래서 기업이 자금부족주체라고 불리는 것이다. 그러나 1998년부터 일본 기업이 자금잉여주체로 전환되었다. 가계처럼 기업도 금융회사에 저축한 돈이 빌려 쓴 돈보다 더 많아진 것이다.

기업이 돈을 빌려 쓰지 않으니 일본 은행들은 대출을 줄이고 유가증권 투자를 늘릴 수밖에 없었다. 그래서 일본 은행의 자산 중 대출 비중이 1998년 63%에서 2014년에는 39%까지 하락했다. 그 대신 유가증권 투자 비중은 늘었다. 유가증권 중에서 주식 비중은 같은 기간에 5%에서 4%로 소폭 하락했으나, 채권 비중은 1998년 13%에서 2011년 한때는 32%(2014년 24%)까지 올라갔다. 일본 은행은 주로 안정성이 높은 국채를 매수했는데, 같은 기간 국채 투자 비중은 6%에서 20%까지 증가했다.

가계소비와 기업투자가 위축되다 보니 정부가 국채를 발행해 경기를 부양했고, 이 국채를 은행이 사준 셈이다. 은행이 이처럼 채권매수를 늘린 결과 금리가 크게 하락했다. 1990년에 7% 안팎이었던 국채(10년)수익률이 1998년에는 1.5%로 떨어졌고, 최근에는 마이너스까지 하락한 것이다.

금리 하락 시기에 가장 큰 타격을 받은 것은 보험회사들이었다. 금리 하락으로 보험사의 역마진이 심화하고 많은 보험사들이 합병 등을 통해서 시장에서 사라졌다. 일례로 13개의 손해보험사가 4개로 통폐합되었다. "은행이 보험사를 망하게 만들었다"라는 말까지 나올 정도였다.

이러한 일본의 사례는 머지않아 우리나라에서도 현실화될 전망이다. 앞서 살펴본 것처럼 한국 기업의 자금 부족 규모가 2011년 76조 6050억 원에서 2017년에는 14조 4415억 원으로 줄었다. 경상 GDP 대비로도 같은 기간에 5.7%에서 0.8%로 낮아졌다. 이런 추세라면 앞으로 2~3년 이내에 한국 기업도 자금잉여주체로 전환될 가능성이 크다.

일본 은행과 마찬가지로 기업대출이 축소되면 한국의 은행도 주식보다는 채권을 살 가능성이 매우 높다. 이는 낮아진 금리를 더욱 낮게 만들 것이다. 1997년 외환위기를 겪으면서 한국의 총저축률이 국내투자율을 웃돌기 시작했고, 점차 확대되고 있다. 2016년 저축률과 투자율이 각각 36.1%, 29.3%로, 그 차이가 6.8%포인트(2017년 5.1%포인트)로 높아졌다.

여기다가 중국인의 우리 채권 매수 확대는 금리 하락 속도를 더 가파르게 할 가능성이 높다. 중국은 미국 경제가 소비 중심으로 성장하는 과정에서 저임금을 바탕으로 상품을 싸게 만들어 미국에 수출했다. 중국은 대미 수출에서 벌어들인 돈으로 미 국채를 사주었다. 2013년 중국의 미국 국채 보유금액이 1조 2700억 달러로 2007년(4776억 달러)에 비해 2.7배 증가했는데, 2013년 이후로는 중국이 미국 국채를 더 이상 사지 않고 있다. 2018년 4월 기준 중국이 가지고 있는 미 국채는 1조 1819억 달러로 2013년에 비해 감소했다. 외국인이 가지고 있는 미 국채 중에서 중국이 차지하는 비중이 2010년에는 26%였으나, 2018년 4월에는 19%로 떨어졌다. 대신 3조 2000억 달러에 이르는 중국의 외환 보유액 중 일부가 우리 채권시장이나 금융회사 매수 등으로 들어오고 있다.

:: 보험사 등 구조조정 필요 ::

지금까지 살펴본 것처럼 우리 경제의 잠재성장률이 떨어지고 저축이 투자보다 높아 자금이 남아도는 상황에서 은행과 중국인이 우리 채권을 살 것이기 때문에 중장기적으로 금리는 더 떨어질 가능성이 높다. 10년 이내에 '0%대 금리 시대'가 올 수도 있다.

이 과정에서 우리 보험사들은 치열한 생존 경쟁을 해야 할 것이다. 2018년 1분기 생명보험사의 평균 자산운용수익률은 3.5%였으나 보험 부채 이자율은 그보다 높은 것으로 알려졌다. 생명보험사들이 2000년대 초중반에 7~9%의 고금리 확정형 상품을 많이 팔았는데 생보사 적립금 중 확정형 금융상품이 40%에 이른 것으로 추정되고 있다.

2016년 중국의 안방보험이 알리안츠생명을 헐값에 인수하기로 했다. 1999년 이후 1조 원 이상의 돈이 투입되고 1800억 원에 이르는 사옥을 갖고 있는 회사가 35억 원에 팔린 것이다. 그만큼 역마진 등으로 내부가 부실하다는 것을 반증한다. 알리안츠생명 같은 회사가 앞으로 더 많이 나올 것이다. 어쩌면 막대한 중국 자금이 우리 보험업의 구조조정을 돕고 있는 것인지도 모른다.

머지않아 3%대의 수익률을 내기도 어려운 시대가 올 것이다. 우리 주가는 지난 2018년 1월에 사상 최고치를 기록한 후 조정 양상을 보이고 있다. 우리 경제가 구조적으로 저성장국면에 접어들고 기업 경쟁력이 추락하고 있는 것을 보면 앞으로도 주가가 추세적으로 오르기 힘들어 보인다. 여기다가 2%대 중후반인 10년 국채수익률이 더 떨어지면 보험사 운용수익률은 더 낮아질 것이다.

한편 증권사들도 주식시장 부진에 따라 구조조정을 더 해야 할 것이다. 일반적으로 금리가 하락하면 주가가 오른다. 그러나 1990년대 이후 일본에서 볼 수 있었던 것처럼 주가와 금리는 오히려 같은 방향으로 움직일 수 있다. 경제가 좋아질 것으로 기대되면 실질금리(실질 경제성장률)가 상승해서 시장금리가 올랐고 동시에 기업 수익의 증가 기대로 주가가 상승했던 것이다. 그러다가 경기가 나빠지면 시장금리와 주가가 같이 떨어져 이론과는 전혀 다른 현상이 일본에서 나타났던 것이다. 2018년에도 국채(10년)수익률이 2.6% 안팎에서 움직이고 있는데, 이는 한국개발연구원KDI이 전망한 것처럼 10년 후에는 우리 경제성장률이 1.8% 정도로 낮아질 것을 미리 반영한 것이다.

이런 상황에서 우리 금융사들은 어떻게 대응해야 할 것인가? 해외 대출을 늘리거나 해외 금융자산 투자에서 높은 수익률을 거둬야 한다. 앞으로 중국, 인도네시아, 베트남 등에서 우리가 금융으로 국부를 늘릴 수 있는 시기가 올 것이다. 따라서 자산운용사들은 배당형 펀드를 적극 개발하여 판매해야 한다. 이미

2015년부터 코스피 시장에서 배당수익률이 은행 예금금리를 넘어서고 있다. 가계의 배당투자가 기업소득을 가계소득으로 이전시키는 한 방안일 것이다.

:: 저금리 시대에 개인은 계속 일해야 ::

초저금리 시대에 개인은 계속 일하면서 작은 근로소득이라도 얻는 게 중요하다. 필자와 가까운 지인이 은퇴하면서 2013년 3월 한 보험회사에 2억 원의 즉시연금을 들었는데 그다음 달에 51만 원이 은행계좌에 들어왔다. 그러던 것이 계속 낮아져 2018년 6월에는 27만 원으로 크게 떨어졌다. 그만큼 우리 금리가 낮아지고 주식시장이 부진해 보험사의 운용수익률이 떨어진 것이다. 10년 후에는 20만 원 안팎일 것으로 보인다.

이는 어떤 의미인가? 우리가 10년 후에 어떤 일을 해서 매월 20만 원을 받을 수 있다면, 금융자산을 2억 원 가지고 있는 것이나 똑같은 현금흐름이라는 것이다. 2016년 우리나라 가구당 월평균 근로소득은 246만 원(연 2978만 원) 정도였다. 10년 후에도 이 정도의 근로소득을 얻을 수 있다면 25억 원의 금융자산을 가지고 있는 거나 마찬가지라는 이야기이다. 그만큼 저성장 저금리 시대에는 오래 일하는 게 중요하다. 작은 근로소득일지라도 많은 금융자산을 가지고 있는 것과 똑같은 효과를 주기 때문이다.

02

금리, 장기 하락 추세에서 일시적인 상승

2016년 8월부터 상승하던 금리가 2018년 들어 안정되고 있다. 거시경제 여건을 감안하면 앞으로도 금리 안정세는 지속될 가능성이 높다.

시장금리를 대표하는 국채수익률(3년, 월평균)은 2008년 7월에 5.96%였다. 그 이후 금리는 계속 떨어졌고, 2016년 8월에는 1.22%로 사상 최저치를 기록했다. 그러나 그 이후 상승세로 돌아서 2018년 2월에 2.28%까지 올랐다. 3~5월에는 그보다 조금 낮은 2.24%에서 안정되고 있다. 예금은행의 가중평균 대출금리(신규 취급액 기준)도 2016년 6월 3.23%에서 2018년 2월에는 3.69%까지 올랐으나, 4월에는 3.65%로 소폭 하락했다. 최근 금리 상승이 장기 하락 추세에서 일시적 현상일 가능성이 높은데, 그 이유를 다음 세 가지 측면에서 찾을 수 있다.

첫째, 시장금리는 미래의 경제성장률과 물가상승률을 반영하는데, 최근 정부와 민간 사이에 경기 논쟁이 심화될 정도로 우리 경제는 좋지 않다. 특히 제조업 경기는 매우 나쁘다. 2018년 들어 5월까지 제조업 평균가동률은 71.4%로 글로벌 경제가 침체에 빠졌던 2009년 74.4%보다 낮다. 기업들이 상품이 팔리지 않아 생산을 줄이고 있는 것이다. 그럼에도 재고는 쌓이고 있다. 2018년 3월 제조업의 출하지수에 대한 재고지수 비율은 114.1%로 1998년 9월(122.9%) 이후 최고치를 기록했다. 1998년은 한국 경제가 외환위기를 겪었던 시기이다.

또한 구조적으로도 한국 경제의 성장 동력이 떨어지고 있다. 현재 우리나라의 잠재성장률은 2.9% 정도이다. 앞으로 노동이 감소세로 돌아서고 자본 증가세가 둔화하는 가운데 생산성도 크게 향상되지 못할 것이기 때문에 잠재성장률은 더 하락할 전망이다. 잠재성장률은 갈수록 낮아지다가 10년 후에는 1%대에 접어들 가능성이 높다. 여기다가 2018년 6월까지 소비자물가상승률이 1.4%에 그쳤는데, 앞으로도 한국은행이 통화정책 목표로 내세운 2%를 밑돌 것이다.

둘째, 국민경제 전체적으로 보면 돈의 공급이 수요보다 많은 현상이 지속되고 있다. 1997년 외환위기 이후 기업의 투자가 상대적으로 줄어들면서 한국 경제에서 총저축률이 국내총투자율을 넘어섰다. 1996년에 투자율(39.9%)이 저축률(36.4%)보다 높아 자금이 부족했으나, 1998~2017년에는 저축률이 투자율보다 3.2%포인트(연평균) 많아 국민경제 전체적으로 자금이 남아돌고 있는 상황이다. 2018년 1분기에도 총저축률이 국내투자율보다 2.5%포인트 높은 것으로 나타났다. 기업도 여유자금이 많아 일부 기업 자금 담당 책임자들의 입에서 자금 조달보다 운용이 더 중요하다는 말이 나올 정도이다.

셋째, 은행 등 금융회사가 채권을 사면서 금리가 하락할 가능성이 높다. 은행은 돈이 들어오면 가계와 기업에 대출해주거나 주식과 채권 등 유가증권에 투자하면서 자금을 운용한다. 가계부채가 많긴 하지만 가계는 금융회사에 빌린 돈보다 맡긴 돈이 여전히 더 많은 자금잉여주체이다. 기업은 일반적으로 금융회사나 시장에서 자금을 빌려 투자하는 자금부족주체인데 기업의 자금 부족액이 경제 규모에 비해서 줄어들고 있다.

이처럼 가계에 이어 기업마저 저축하면 은행은 유가증권 특히 채권에 투자하면서 자금을 운용할 수밖에 없게 되고, 은행의 채권매수 확대는 금리가 떨어지는 데 크게 기여할 것이다.

거듭 말하지만 한국 경제는 구조적으로 저성장 저물가 국면에 접어들었고 자금의 공급이 수요보다 많아 금리 하락의 요인이 된다.

해외 경제환경도 변하고 있다. 2008년 글로벌 금융위기 이후 각국 정부와 중앙은행의 과감한 재정 및 통화정책으로 경제가 회복되었다. 그러나 현재 세계 경제가 확장국면 후반에 있다. 미국이 정책금리를 올렸고, 또 2018년 하반기에도 2~3차례 더 인상할 것이라는 전망에도 불구하고 장기 금리(10년 국채수익률)는 3% 안팎에서 안정되고 있다. 금리를 올리면 올릴수록 소비와 투자가 위축될 것이라는 우려 때문이다. 독일과 일본 국채수익률은 이미 하락 추세로 돌아서고 있다.

결국 최근의 금리 상승은 장기 하락 추세에서 일시적 현상일 가능성이 높다. 금리 하락이 한국 경제의 저성장 저물가를 반영하는 만큼 모든 경제 활동에서 기대 수익률을 낮춰야 할 것이다.

03

2017년 자금순환이 보여주는 것

최근 한국은행은 '2017년 중 자금순환'을 발표했다. 이에 따르면 가계의 잉여자금은 줄고, 기업의 자금 부족 규모는 다소 늘었으나 축소 추세는 지속되고 있다. 또한 국내 잉여자금이 해외 증권투자 등으로 나가면서 우리 국부의 해외 금융자산 의존도가 갈수록 커지고 있다.

자금순환표는 국민경제를 구성하는 가계, 기업, 정부, 국외 등 각 경제 부문이 어떻게 자금을 조달하고 운용하는가와 이들 간의 자금흐름을 체계적으로 정리한 통계이다. 우선 2017년 가계

(비영리단체 포함)의 순자금운용 규모가 50조 9000억 원으로 2016년 69조 9000억 원에 비해 크게 낮아졌다. 2년 전 94조 2000억 원의 거의 절반 수준이었다. 집값 상승 등에 따라 가계가 금융회사에 빌린 돈은 높은 수준을 유지하고 있으나, 예금이나 금융상품 투자는 크게 줄었기 때문이었다. 이에 따라 2017년 가계의 금융자산이 부채의 2.1배로 전년과 거의 같아 가계의 금융상황은 개선되지 못했다.

다음으로 2017년 기업의 자금부족 규모는 14조 4000억 원으로 전년의 2조 4000억 원보다는 크게 늘었다. 2016년 설비투자가 14.6% 증가했던 만큼 기업의 금융회사 차입이나 증권 발행을 통한 자금 조달이 많아졌던 것이다. 그러나 경제 규모에 비해서 기업의 자금 조달 비중은 계속 줄어드는 추세가 지속되고 있다. 앞서 살펴본 바와 같이 국내총생산GDP에서 기업의 자금 부족액 비중은 2008년 4분기에는 9.1%였으나, 2016년 말에는 0.8%로 낮아졌다. 2017년 말 우리 기업들이 가지고 있는 현금성 자산이 575조 원에 이를 정도로 기업들이 많은 현금을 가지고 있기 때문에 금융시장에서 자금을 조달한 유인이 줄어든 것이다. 이와 같은 기업의 자금 부족 규모 축소는 저금리 시대를 여는 가장 중요한 요인 중 하나이다.

마지막으로 국외 부문이다. 가계가 여전히 자금잉여주체로 역할을 하고 있는 상황에서 기업의 자금 부족 규모가 축소되다 보니 국내 여유자금이 해외로 나갈 수밖에 없다. 2016년 108조 원 정도가 해외 증권투자나 직접투자로 순유출되었다. 특히 해외 증권투자로 나간 돈이 57%나 차지했다.

이런 현상이 다양한 투자기관의 자산 배분에 나타나고 있다. 2017년 말 기준 국민연금이 108조 원의 해외 주식을 보유했는데, 전체 금융자산(622조 원)에서 17.4%를 차지했다. 2010년 6.2%에 비하면 그 비중이 매우 빠르게 느는 추세다. 다른 연기금이나 금융회사들도 해외 증권투자를 늘리고 있다. 우리가 상품을 만들어 벌어들인 돈을 해외증권에 투자하는 만큼 각종 투자기관이 사명감을 가져야 할 것이다.

5장

남북 경협이 한국 경제에 미치는 영향

01

판문점 선언의 경제적 의미

2018년 4월 남북 정상의 완전 비핵화와 평화 체제 구축을 공식 추진하는 내용의 '판문점 선언'에 따라 경제협력의 길도 열렸다. 남북 경제협력은 마땅한 투자처를 찾지 못한 남한 기업에게 활력을 불어넣어 주고, 북한의 경제성장을 촉진해 통일비용을 낮춰줄 것이다.

남북 관계의 개선은 거시적 측면에서 남북한 경제성장에 크게 기여할 가능성이 높다. 1997년 외환위기 이후 남한 경제에 나타난 가장 중요한 특징 중 하나는 총저축률이 국내투자율보다 높아졌다는 것이다. 그 결과 경상수지가 구조적으로 흑자로 돌아섰다. 1998~2017년 누적 경상수지 흑자는 7334억 달러였는데, 이런 경상수지 흑자가 금융계정을 통해 해외 직접투자와 증권투자 형태로 국외로 나가고 있다. 같은 기간 동안 해외 직접투자가 1456억 달러로 경상수지 흑자의 20%를 차지하고 있다. 미시적 측면에서도 2017년 말 우리 기업들이 가지고 있는 현금성 자산은 575조 원(한국은행 자금순환 기준)에 이를 만큼 투자할 자금이 많다. 경상수지 흑자로 들어온 자금이 해외로 나갈 수밖에 없다.

현금이 많은 기업은 투자처를 찾아야 한다. 남북정상회담에 이어 북미정상회담에서 평화협정이 체결되고 북한에 대한 경제제재가 완화된다면, 이 돈들이 상당 부분 북한으로 갈 것이다. 북한은 세계에서 문맹률이 가장 낮은 국가 중 하나다. 남한의 여유자금과 북한의 저임금 노동력 결합은 질 좋은 상품을 싸게 생산할 수 있는 계기를 마련해줄 것이다. 삼성전자는 손재주가 좋은 저임금 노동력을 활용해 베트남에서 휴대폰을 대량생산하고 있는데, 굳이 베트남까지 멀리 갈 필요가 없다는 것이다.

남한 경제 전체적으로는 경상수지 흑자를 처분할 수 있고, 기업은 새로운 투자와 이윤의 기회를 얻을 수 있는 곳이 북한이다. 이는 중장기적으로 통일비용을 크게 낮출 수 있다. 2016년에 남

[표 5-1] 남북한 주요 경제지표 비교

주요 지표			남한	북한	남한/북한
경제	인구	(만 명)	6,124.6	2,489.7	2.1
	명목 GNI	(조 원)	1,646.2	36.4	45.3
	1인당 GNI	(만 원)	3,212.0	146.0	22.0
	경제성장률	(%)	3.0	4.0	-
	무역총액	(억 달러)	9,016.0	65.0	138.7
에너지 산업	석탄생산량	(만 톤)	172.6	3,106.0	0.1
	발전용량	(만 kw)	10,686.6	766.1	13.8
	발전량	(만 kw)	6,404.0	239.0	22.6
	원유도입량	(만 배럴)	107,811.9	388.5	277.5
	정제 능력	(만EPSD)	305.9	7.0	43.7
농수산물 생산량	곡물	(만 톤)	437.0	482.3	0.9
	쌀	(만 톤)	419.7	222.4	1.9
	수산물	(만 톤)	3257	100.9	3.2
공산물 생산량	철광석	(만 톤)	44.5	624.9	0.1
	비철금속	(만 톤)	17.8	9.7	1.8
공산품 생산량	자동차	(만 대)	422.8	0.4	1,112.6
	조강	(만 톤)	6,857.6	121.8	66.3
	시멘트	(만 톤)	6,674.2	707.7	8.0
	비료	(만 톤)	206.5	60.4	3.4
	화학섬유	(만 톤)	136.8	2.3	69.5
사회간접 자본	철도총연장	(km)	13,182.0	5,226.0	2.5
	도로총연장	(km)	108,780.0	26,176.0	4.2
	항만하역능력	(만 톤)	114,079.9	4,157.0	27.4
	선박 보유	(만 톤)	1,304.0	93.0	14.0

▶ 2016년 기준. 자료: 통계청, 한국은행, 유진투자증권

한의 1인당 국민소득은 3212만 원으로 북한(146만 원)보다 22배나 많다. 남한 기업의 투자는 북한의 1인당 국민소득을 크게 향상시켜 통일비용을 절감시킬 수 있다.

북한의 경제개발을 지원하기 위해 남한 정부가 재정 부담을 해야 하기 때문에 정부부채가 늘고 국채 발행으로 금리도 오를 수 있다. 가계는 정부가 재정 확충을 위해 더 많은 세금을 부과할 것이라는 기대로 소비를 줄일 가능성이 높다. 그럼에도 멀리 내다보면 남북 경협의 확대가 남북한 경제나 금융시장에 주는 긍정적 효과가 훨씬 더 클 것임에는 틀림없다.

02

남북 경제협력의 사업 전망과 효과

2018년 4월 남북정상회담 이전에도 두 번의 정상회담이 있었는데, 남북 경협이 주요 의제였다. 남북이 경협을 통해 민족경제를 균형적으로 발전시키고 공동의 번영을 이뤄보자는 목표를 제시했다. 특히 2007년 '10·4 남북정상회담'에서 남북 정상은 경제협력을 위한 투자 장려, 기반 시설 확충과 자원 개발의 적극 추진, 개성공단의 개발과 활성화, 개성-신의주 철도와 개성-평양 고속도로 개보수, 안변과 남포에 조선협력단지 건설 등을 합의했다. 2018년 4월 27일 판문점 선언에서 남북 정상은 민족경제의 균형 발전과 공동 번영을 위해 10·4 선언에서 합의된 사업을 적극 추진하기로 재차 약속했다.

계속될 북미 간 협상에서 북한 핵 문제가 해결되고 UN 제재가 해소되면, 남북 경협은 우선 기존 사업의 재개에서 시작될 것이다. 그다음에 계획된 사업을 확장하고 나아가서는 한반도 신경제 구축 순서로 진행될 가능성이 높다.

우선 기존 사업의 재개인데, 금강산을 포함한 개성과 백두산 관광이 다시 시작될 것이며 특히 개성공단이 새롭게 가동되고 확장될 전망이다. 개성공단 사업이 재개될 경우 관련 남한 기업들의 참여가 크게 확대될 것으로 기대된다. 당초 개성공단 개발은 총 3단계에 걸쳐 2000만 평을 계획했는데, 1단계 사업으로 100만 평만 개발된 뒤 더 이상 진전되지 못했다.

개성공단이 재개될 경우, 우리 기업들이 저임금과 문맹률이 낮은 북한의 노동력을 활용해 생산활동을 재개할 것이다. 이는 2018년 3월 말 기준으로 594조 원의 현금성 자산을 가지고 있는 남한 기업에게 새로운 투자처를 제공하고, 나아가서는 상품을 더 싸게 생산해 수출경쟁력을 더 높일 수 있을 것이다.

개성공단 개발이 성공하면 남북 경협은 신의주 등 북한이 19개 경제개발 특구로 지정된 지역까지 확대될 것이다. 그 이전에 사회간접자본 투자가 먼저 이뤄져야 한다. 개성과 신의주를 잇는 철도 공사 등 남북 간 철도 연결 프로젝트, 남한 동해안과 북한의 나진·선봉 경제무역지대, 중국 동북3성, 내몽골을 잇는 두만강 개발계획 프로젝트가 추진될 것이다. 2016년 기준으로 남한의 철도 총연장 거리는 1만 3182km로 북한의 5226km보다 2.5배 길고, 도로 총연장 거리도 남한이 북한보다 4.두 배나 길다. 우리 기업들의 인프라 구축과 관련된 투자가 크게 확대될 수밖에 없는 이유이다.

남북한의 도로 및 철도 연결과 현대화는 인프라 투자의 경제적 효과뿐만 아니라 물류 효율화를 통해 장기적으로 통일 한국이 동북아 물류의 허브가 될 수 있는 기반을 마련해줄 것이다. 2013년 우리 정부는 유라시아 간 경제협력을 통해 경제 활성화를 이루고 북한의 개발을 유도하기 위해 유라시아 이니셔티브 Eurasia Initiative 구상을 발표했다. 한반도와 유라시아 지역을 연결하는 교통 및 에너지 인프라를 구축하고 제도적 장벽을 제거해 단일 경제권으로 만들기 위한 방안이다.

장기적으로 남북 경협 확대는 우리 산업 전반에 중요한 영향을 끼칠 전망이다. 앞서 살펴본 것처럼 우선은 북한의 사회간접자본 투자와 관련된 산업이다. 우리 건설업이 남북 경협에서 다시 성장 동력을 찾을 것이고, 전력 및 에너지, 유무선 통신, 자원 개발 관련 산업도 투자처를 찾을 것이다. 다음으로는 다양한 중간재 산업이 영향을 받을 것인데, 바로 기계와 소재 산업이다. 그 후 북한의 1인당 국민소득 증가에 따라 가전과 자동차 산업도 긍정적 영향을 받을 것이다.

03
남북정상회담, 코리아 디스카운트 해소 계기

2018년 4월 남북정상회담에서 한반도 평화협정과 경제협력의 길이 열렸다. 증권시장에서는 '코리아 디스카운트'에 대한 기대가 높아지고 있다. 기업의 배당 증가 및 지배구조 개선과 더불어 지정학적 위험 완화는 한국 증시를 한 단계 도약시키는 계기가 될 것이다.

이른바 '코리아 디스카운트'는 한국 주가가 다른 나라에 비해 상대적으로 저평가되었다는 데서 나온 말이다. 최근 주가수익비율(PER=주가/주당순이익)을 비교해보면 한국이 9배 정도로 대만

(14배), 일본(13배)뿐만 아니라 미국(21배)에 비해 훨씬 낮다.

한국 주가가 상대적으로 낮게 평가된 것은 주로 세 가지 이유 때문이다. 우선 한국 기업의 배당 성향이 매우 낮다. 2017년 한국의 배당 성향은 21%로 일본 29%, 대만 59%를 크게 밑돌았다. 낮은 배당 성향 때문에 한국 주가가 상대적으로 오르지 못한 것이다. 다음으로 불투명한 기업 지배구조도 한국 주가를 할인시키는 요인으로 작용했다. 여기다가 남북한의 지정학적 리스크도 한국 주가의 저평가 원인이 되었다.

이제 이들이 점차 개선되는 추세이다. 먼저 기업들이 배당을 더 줄 수밖에 없는 경제환경이 전개되고 있다. 1997년 외환위기와 2008년 글로벌 금융위기를 겪으면서 국민총소득(GNI) 가운데 기업 비중은 상대적으로 늘었고 가계 비중은 줄었다.

예를 들면 1997년 이전에는 GNI 가운데 개인 비중이 71%였으나 2008년 이후로는 62%로 크게 낮아졌다. 같은 기간에 기업 비중은 17%에서 25%로 높아졌다. 이 기간 동안 구조조정으로 기업 이익은 늘었으나, 임금 상승률이 거기에 미치지 못했기 때문이었다.

이에 따라 우리 정부는 기업소득의 일부를 가계소득으로 이전시키기 위해서 기업에 임금 상승과 고용 증가, 배당금 확대 등을 요구하고 있다. 그러나 임금의 하방경직성 때문에 기업은 임금을 올려주는 것을 주저하고 있다. 2018년 2분기에 설비투자가 전년 동기대비 3.9% 감소할 정도로 투자에도 신중한 모습이다. 하지만 결국 배당을 더 줄 수밖에 없을 것이다.

다음으로 기업의 지배구조 개선이다. 재벌 기업 총수들이 가지고 있는 지분이 낮기 때문에 일부는 배당금보다는 계열사끼리 일감 몰아주기를 통해 이익을 챙겼다. 그러나 이번 정부 경제 정책의 중요한 목표 중 하나가 공정 경제인 만큼 지배구조도 점진적으로 개선되고 있다. 배당 성향 및 기업 지배구조 개선과 더불어 남북정상회담 이후 지정학적 리스크의 감소는 한국 주식시장을 재평가해주는 계기가 될 것이다. 물론 글로벌 금융시장이 불안해지면 그 시기는 다소 지연될 수 있다.

북한의 경제개발을 지원하기 위해서 남한 정부가 재정을 부담해야 하기 때문에 정부부채가 늘고 국채 발행으로 금리도 오를 수 있다. 가계는 정부가 재정 확충을 위해 더 많은 세금을 부과할 것이라는 기대로 소비를 줄일 가능성이 높다. 그럼에도 멀리 내다보면 남북경협의 확대가 남북한 경제나 금융시장에 주는 긍정적 효과가 훨씬 더 클 것임에는 틀림없다.

그러나 2008년 글로벌 금융위기 이후 풍부한 유동성으로 각종 자산에 거품이 발생했고, 이제 그 거품이 붕괴되는 과정이기 때문에 인내심은 필요한 시기이다.

6장

주요 자산 가격의 향방

01

글로벌 주가는 하락국면에 접어들었다

2008년 미국에서 시작된 금융위기가 전 세계로 확산되면서 각국의 주가가 큰 폭으로 하락했다. 그러나 주요국 정부의 적극적 재정정책과 중앙은행의 통화정책으로 경기가 회복되면서 주가가 2009년 2월을 저점으로 2018년 1월까지 상승했다. 이 기간에 미국의 대표적 주가지수인 S&P500은 2009년 2월 말 735에서 2018년 1월 말에는 2824로 284%나 상승했다. 같은 기간 독일DAX30과 일본 주가Nikkei225도 각각 243%, 205%씩 올랐다.

[그림 6-1] 주요 선진국 주가 추이

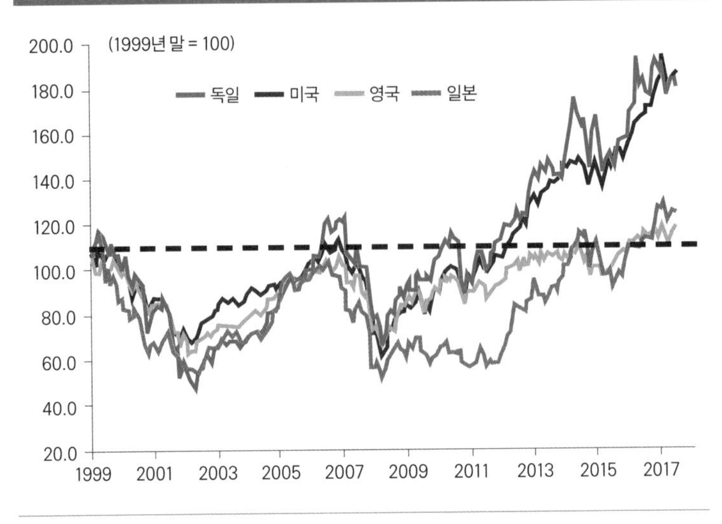

▶ 각국 대표 주가지수 기준. 자료: Bloomberg

이 기간 동안에 신흥국의 주가도 상승세를 유지했다. 인도 주가(SENSEX)가 305% 상승으로 선두를 달렸으며, 한국(KOSPI) 141%, 브라질(VOVESPA) 122%, 중국(상하이종합지수) 67% 순서로 상승했다.

그러나 2018년 2월부터 중국, 브라질 주가를 중심으로 전 세계의 주가가 하락하고 있다. 중국 주가 역시 6월 말까지 18%나 떨어졌다. 미국 주가는 4% 하락하는 데 그쳤지만 하락률의 차이이지 떨어지기는 마찬가지였다. 이번 조정이 2009년 3월부터

[그림 6-2] 주요 신흥국 주가 추이

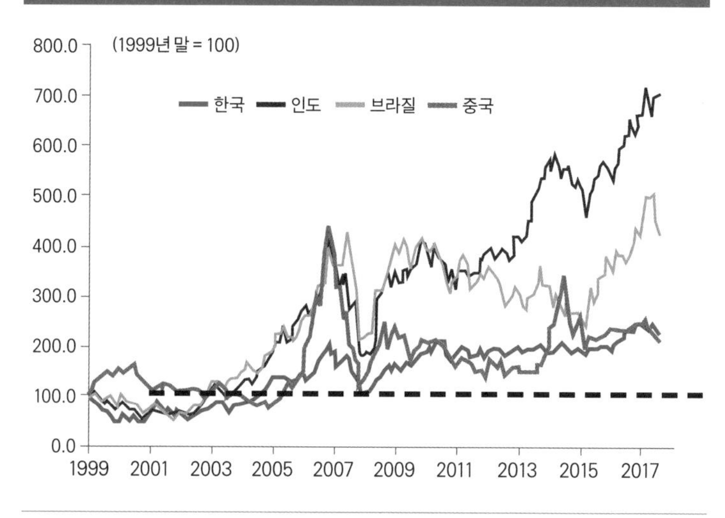

▶ 각국 대표 주가지수 기준. 자료: Bloomberg

지속된 상승 추세의 마무리인가 아니면 상승 추세에서 일시적 조정인가 하는 판단이 증권시장 참여자에게 중요 관심사로 남아 있다.

나는 이번 주가 하락이 경제의 펀더멘털을 선반영하고 있으며, 적어도 2019년까지는 주가 하락 추세가 이어질 것으로 내다본다. 이미 앞에서 경제 기본 여건을 다뤘지만 주식시장과 관련하여 다시 요약해보면 다음과 같다.

:: 중국 주가, 기업 및 은행 구조조정 선반영 ::

2018년 2월 이후 중국 주가가 가장 크게 떨어진 이유는 미중 무역전쟁의 직접적인 당사국인 탓이지만 본질적 문제는 중국 경제에 내재해 있는 펀더멘털에 있다. 2009년 글로벌 금융위기 당시 마이너스 경제로 곤두박질치던 선진국과 달리 당시 중국 정부는 기업에 투자를 유도해 고성장을 달성했다.

당시 중국 정부는 기업에 투자를 유도해 고성장을 달성했다. 중국 국내총생산GDP에서 고정투자가 차지하는 비중은 2000년 35%에서 2008년 44%(2011년 48%)로 급등했다. 세계 평균이 22% 정도인 것을 고려하면, 중국 기업들이 얼마나 많은 투자를 했는가를 짐작할 수 있다.

문제는 투자 중심으로 성장하는 과정에서 중국의 부채, 특히 기업부채가 크게 늘었다는 데 있다. 중국 정부와 민간부문의 부채가 GDP에서 차지하는 비중이 2008년 169%에서 2017년에는 300%를 넘어섰다. 특히 기업부채가 같은 기간 GDP의 92%에서 167%로 증가했다. 중국 기업이 주로 간접금융을 통해 자금을 조달했기 때문에 기업의 부실은 자연스럽게 은행의 부실로 이어진다.

기업들이 생산 능력은 크게 늘려 놓았는데, 국내외 수요가 뒤따르지 못하고 있다. 디플레이션 압력은 소비 등 수요가 증가하거나 기업의 구조조정을 통해 생산 능력이 감소해야 해소될 수 있다. 이러한 가운데 미국이 무역전쟁을 강화하면서 대중 수입을 규제한다면, 중국 경제에 내재해 있는 디플레이션 압력은 더 커질 것이다. 초과공급을 해소하기 위해 기업은 구조조정을 할 수밖에 없는데, 미국과의 무역전쟁은 수출을 감소시켜 구조조정을 더 빠른 속도로 촉진시킬 것이다.

:: 미국 주가, 2019년에는 본격적인 하락국면 진입 예상 ::

미국 주가는 계속 상승할 수 있을 것인가? 이 역시 경기에 달려 있다. 미국 경제는 2009년 6월을 저점으로 2018년 7월까지 108개월 확장국면을 이어가고 있는데, 이는 1991년 3월에서 2001년 3월까지의 120개월 다음으로 길다. 그러나 경기에 선행하는 장단기 금리 차이나 실업률을 보면 2019년 어느 시점에 미국 경기가 정점에 도달할 가능성이 높다.

1954년 이래로 미국 경기는 9번의 순환을 거쳤는데, 장단기 금리 차이(=국채 10년과 2년 수익률 차이)가 역전되고 평균 10개월(순환기간에 따라서 5~16개월) 후에 경기 정점이 왔다. 2018년 6월 장단기 금리 차이는 0.38%포인트로 2007년 8월 이후 최저치를 기록했다. 미중 무역전쟁은 이러한 장단기 금리 차이의 역전 시기를 앞당길 수 있다.

미국 경제가 역사상 2번째 긴 경기 확장국면이 지속되는 가운데 물가상승 압력이 높아지고 있다. 수요 측면에서는 2017년 하반기부터 실제 GDP가 잠재 수준을 넘어서면서 인플레이션 압력이 나타나고 있다. 2018년 상반기에 유가가 지난해보다 28%나 오르면서 역시 공급 측면에서 물가상승 요인으로 작용하고 있다.

여기다가 미중 무역전쟁에 따른 관세 인상으로 수입물가가 오르면서 물가상승을 가속화할 수 있는 것이다. 이미 2018년 상반기에 미국 소비자물가상승률이 연방준비제도이사회(연준)가 통화정책 목표로 내세운 2%를 넘어섰는데, 하반기에는 물가상승률이 더 높아질 전망이다.

그렇게 되면 연준은 더 빠른 속도로 정책금리를 인상하고, 이는 장단기 금리 차이를 더 축소시킬 것이다. 2018년 6월 이후 미

10년 국채수익률이 금리 인상에도 불구하고 소폭 하락했는데, 금리를 인상하면 할수록 미래 소비와 투자 위축을 금융시장이 미리 반영하는 것이다.

또한 실업률의 저점이 경기 정점에 평균 9개월(1~16개월) 선행했다. 2018년 5월 실업률은 3.8%로 2000년 4월 이후로 가장 낮았으나 6월에는 4.0%로 상승했다. 금리 차이의 축소가 경기 정점을 미리 예고하는 것처럼 실업률이 더 이상 낮아지지 않는다면, 2019년 어느 시점에서 경기 확장국면이 마무리될 수 있다는

[그림 6-3] 미국 주가가 경기에 선행

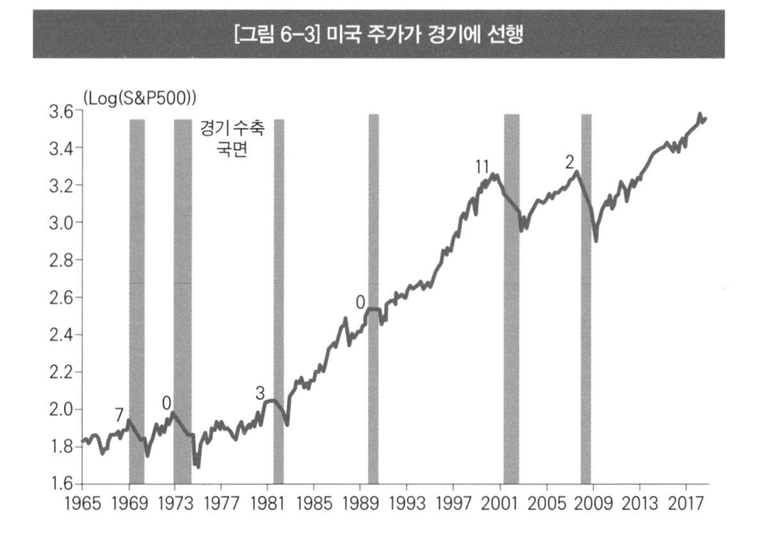

▶ S&P500의 로그 값을 취한 것임
자료: Bloomberg

[표 6-1] 미국 경기 정점 이후의 주가 하락률

경기정점	주가 하락 개월	하락률(%)
1969. 12	6	-17.0
1973. 11	12	-29.2
1980. 1	3	-7.1
1981. 7	11	-15.3
1990. 7	3	-14.7
2001. 3	23	-29.4
2007. 1	17	-48.8
평균	11	-23.1

▶ 자료: dshort.com

것을 의미한다.

주가(S&P500)는 경기 정점 이전에 떨어지기 시작했고, 과거 6번의 경기순환에서 경기 정점 이후에 평균 23% 하락했다. 미중 무역전쟁은 그 시기를 더 앞당길 수 있다.

02

한국 주가는 조정국면이 지속된다

한국 주가KOSPI의 장기추세를 보면 우선 제4순환 경기 확장국면(1985.9~1988.1)에서 356%나 오르면서 10번의 경기 확장국면 중 가장 높은 상승률을 기록했다. 당시 세계 경제가 '3저'(저금리, 저유가, 저달러=엔강세)로 호황을 누리는 가운데, 우리 경제도 수출이 대폭 증가하면서 10% 안팎의 경제성장률을 달성했다.

그러나 이 시기에 일부 대기업의 과잉투자로 기업과 은행이 부실해지면서 주가지수는 500~1000 사이의 박스권에서 벗어나지 못했다. 그 후 1997년 외환위기를 겪으면서 1998년 KOSPI는

277까지 급락했다.

외환위기를 겪으면서 30대 재벌 중 11개가 없어질 정도로 뼈아픈 구조조정을 했고, 한국 경제가 안정성장 국면에 접어들었다는 평가가 나오면서 2007년 KOSPI 처음으로 2000선을 넘어섰다. 그러나 곧바로 2008년에 시작된 미국의 금융위기로 892까지 하락했으나, 그 이후 글로벌 주식시장의 회복과 더불어 우리 주가도 2011년 말부터 2000선을 넘어섰다.

2011~2016년 1976일 정도의 기간에 KOSPI 평균 주가는

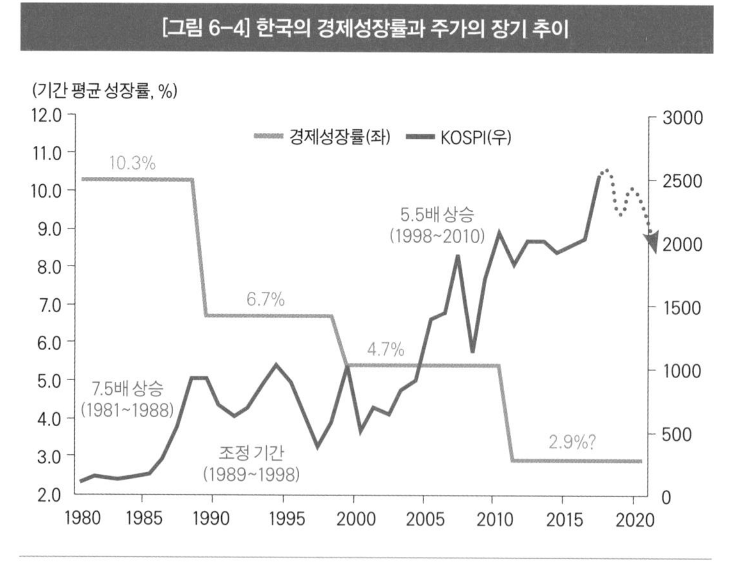

▶ 자료: 한국은행, 한국거래소

2000 안팎에서 큰 변동 없이 6년 동안 장기 조정을 보였다. 이 시기에 주식시장에 나타난 가장 중요한 특징 중 하나는 우리 경제성장률이 구조적으로 3% 안팎으로 떨어졌고, 애널리스트의 기업 수익 예상치가 연초에서 연말로 갈수록 낮아졌다는 데 있다.

2017년 말에는 KOSPI가 2467까지 연말 기준으로 사상 최고치를 기록했다. 주로 삼성전자와 SK하이닉스의 기업 이익이 크게 증가하면서 이들 주가가 오른 것이 주가지수 상승에 기여했다 (이 두 기업을 제외하면 KOSPI는 1880 정도였다).

KOSPI 시장에서 주가수익비율PER이 9배 안팎이고 주가순자산비율PBR이 1 이하에 머물고 있는 것처럼 우리 주식시장은 다른 시장에 비해 저평가되어 있다. 따라서 크게 하락할 이유는 없다. 또한 주가는 배당금과 더불어 금리와 기업수익증가율에 의해 결정되는데[주가=배당금/(1+금리-기업이익증가율)], 저금리가 지속되면서 주가 상승 요인으로 작용할 수 있다. 또한 다음의 삼성전자의 예에서 볼 수 있는 것처럼 기업들이 배당금을 더 줄 수밖에 없는 환경이 전개되고 있다.

그럼에도 불구하고 우리 주식시장이 미국과 중국 등 글로벌 주식시장과는 달리 움직일 수는 없다. 2019년에는 중국의 구조조정과 더불어 미국 경제의 수축국면 진입에 따라 이들 주가가 떨어지고 우리 주가도 같은 방향으로 변동할 가능성이 높다.

03

삼성전자의 배당 확대가 의미하는 것

앞서 말했듯 삼성전자가 2018년부터 3년간 배당금을 매년 9조 6000억 원씩 주기로 했다. 이는 기업 배당의 정상화 과정이고 기업소득을 가계소득으로 이전시키려는 정부정책에도 부응하는 것이지만, 우리 가계 금융자산 가운데 주식 비중이 낮아 그 효과는 크지 않아 보인다.

지금까지 삼성전자의 배당 성향은 매우 낮은 수준이었다. 배당 성향이란 기업의 순이익 가운데 주주에게 현금으로 얼마나 주는가의 비율이다. 예를 들면 2016년 삼성전자의 배당 성향이

16%였는데, 100원의 순이익을 냈다면 16원을 주주에게 나눠주었다는 것이다. 이것은 다른 글로벌 기업과 비교하면 상대적으로 낮은 수준이다.

2016년 글로벌 기업의 배당 성향을 보면 애플이 26%, 마이크로소프트는 68%였다. 일본 도요타자동차의 배당 성향도 28%로 삼성전자보다 높았다. 앞으로 3년 동안 삼성전자가 2018년과 비슷한 이익을 내고 9조 6000억 원의 배당금을 준다고 해도, 배당 성향은 18% 정도로 글로벌 기업보다는 여전히 낮은 수준이다.

삼성전자뿐만 아니라 우리 기업들 전체의 배당 성향도 다른 나라보다 낮다. 2016년 유가증권시장에 상장되어 있는 기업들의 평균 배당 성향이 24%였는데, 이는 일본 35%, 미국 53%에 크게 미치지 못하고 심지어는 중국의 34%보다 낮다. 삼성전자의 배당 증가는 다른 기업이 배당금을 늘리게 하는 요인이 될 것이다.

배당금 증가는 주가 상승 요인으로도 작용한다. 주가를 결정하는 금리나 기업수익증가율이 일정하다면 배당금이 올라가는 만큼 비례해서 주가는 상승하게 된다. 그래서 일부 외국계 증권사에서는 배당 성향이 늘면서 한국 주식시장이 한 단계 도약할 것이라는 낙관적 전망도 내놓고 있다.

삼성전자의 배당금 확대는 정부정책에도 부응한다. 1997년과

2008년 국내외 경제위기를 겪으면서 국민소득 중 가계 비중은 줄고 기업 몫은 늘었다. 그래서 지난 정부부터 기업소득의 일부를 가계소득으로 이전하는 정책을 쓰고 있다. 이른바 '기업소득 환류세제'라는 것인데, 이는 기업이 한 해 이익의 80% 이상을 임금 인상, 투자, 배당에 쓰지 않으면 법인세를 추가 징수하는 제도이다.

그런데 문제는 배당을 많이 주는 회사 주식을 주로 외국인이 보유하고 있다는 데 있다. 삼성전자가 대표적인 경우인데, 삼성전자는 외국인 지분이 54%이고 우리 개인 지분은 3%에 지나지 않고 있다. 이는 매년 삼성전자 배당금 중 5조 원 이상이 해외로 나갈 것이라는 의미이다. 한국은행의 국제수지 통계가 이를 보여주고 있다. 2017년 배당소득 적자가 50억 2000만 달러(약 5조 7000억 원)로 2016년 18억 9000만 달러(약 2조 2000억 원)에 비해 크게 확대되었다.

최근 금리가 오르고 있지만, 금리를 결정하는 경제성장률, 저축과 투자 차이, 기업의 자금 수요 위축 등을 고려하면 장기적으로 저금리 시대는 지속될 가능성이 높다. 배당수익률이 은행의 예금금리보다 높은 시대가 계속될 것이라는 이야기이다. 그런데 2008년 144조 원까지 올라갔던 주식형 수익증권이 2018년

7월 기준 81조 원으로 떨어졌다. 기업의 배당이 가계소득 증가로 이어질 수 있는 다양한 정책 방안이 나와야 할 시기이다.

04

주가에 민감한 강남 아파트 가격

서울 강남 아파트의 가격 급등이 우리 사회의 주요 관심사로 등장하고 있다. 집값을 결정하는 거시경제 변수로 보면 조만간 상승률이 낮아지거나 하락세로 전환할 가능성이 높아 보인다.

KB국민은행의 주택 가격 동향에 따르면 2014년부터 2018년 6월까지 전국 평균 아파트 가격은 11.7% 상승했는데, 강남 아파트 가격 상승률은 25.7%로 그 2배를 넘어섰다. 특히 지난 2017년 한 해 동안 강남 아파트값은 무려 5.6% 상승해, 전국 평균(1.3%)을 크게 웃돌았다.

경기순환처럼 아파트 가격도 일정 기간 상승과 하락 과정을 반복한다. 여러 가지 경제지표가 주택 경기의 순환 기간이나 진폭을 결정하는데 우선 주가가 주택 가격에 영향을 준다. 주가가 경기에 선행하기도 하지만, 주가가 상승하면 가계의 부wealth가 늘어 주택 구입능력을 키워주기 때문이다. 다음으로 금리가 집값 결정에 중요한 영향을 미친다. 금리가 낮으면 낮을수록 가계는 돈을 빌려 주택을 구입하려 한다.

이런 금융 변수와 더불어 물가와 경기도 집값에 중요한 영향을 준다. 물가가 오르면 인플레이션 헤지 수단으로 부동산이 선호된다. 또한 경기가 좋아지면 고용이 개선되고 가계소득이 늘어 집 수요가 증가한다.

필자는 아파트 가격의 결정 요인으로 주가KOSPI, 가계대출금리, 소비자물가, 동행지수 순환변동치를 선정하고, 벡터자기회귀모형을 설정하여 전국 및 서울 아파트 가격을 분석해보았다. 이들 변수 중 전국 아파트 가격에 가장 큰 영향을 주는 것은 가계대출금리로 나타났다. 대출금리가 6개월 후의 아파트 가격 변동을 10.7% 설명해 모델에 포함된 다른 변수의 설명력(주가 3.8%, 소비자물가 0.6%, 동행지수 순환변동치 4.6%)보다 훨씬 높았다(나머지 80.3%는 아파트 가격 자체 순환이다). 1년 후에는 가계대출금리의 설명력이 18.7%로 훨씬 더 올라갔다.

그러나 같은 모델을 사용해서 분석했는데, 강남 아파트의 경우는 다른 결과가 나왔다. 6개월 후의 아파트 가격 변동을 주가가 11.1%나 설명해, 가계대출금리(5.2%)보다 두 배나 높았다. 10개월 후부터는 대출금리의 설명력이 주가보다 높아졌으나, 강남 아파트의 경우 전국 평균보다 주가에 훨씬 더 민감하게 반응한 것으로 분석되었다. 강남 거주자가 다른 지역 거주자보다 주식을 훨씬 더 많이 보유하고 있기 때문에 이러한 결과가 나왔을 것으로 추정된다.

최근 주요 경제 요인 역시 아파트 가격에는 불리하게 작용하고 있다. 우선 2016년 8월에 2.95%까지 떨어졌던 은행의 가계대출금리(신규 취급액 가중평균 기준)가 2017년 12월에는 3.61%까지 올랐고, 2018년 5월에는 3.75%로 더 상승했다. 앞의 모델에서 대출금리가 1%포인트 상승하면, 7개월 후의 전국 아파트 가격의 상승률이 3.1%포인트 낮아졌고, 강남 아파트의 경우는 3.9%포인트 떨어졌다. 또한 현재의 경기 상황을 보여주는 동행지수 순환변동치가 2017년 8월을 정점으로 2018년 5월까지 계속 낮아지고 있다.

주가는 2018년 1월까지 큰 폭으로 상승했으나, 2월 들어서는

[그림 6-5] 주가와 아파트 가격의 순환

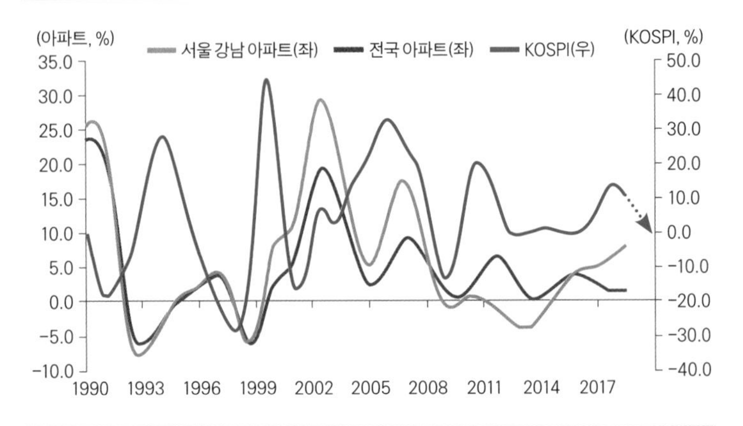

▶ 호드릭-프레스콧 필터로 장기 추세를 구한 것임. 자료: KB주택은행, 한국거래소, 김영익금융경제연구소

미국의 인플레이션 조짐과 이에 따른 금리 인상 우려로 조정을 보이고 있다. 거품 영역에 있는 미국 주가가 하락하면, 외국인의 주식 매수가 줄면서 우리 주가도 같이 떨어질 가능성이 높다. 주가가 10% 하락하면 3개월 후 강남 아파트 가격 상승률은 0.5%포인트 낮아져 전국 평균(0.2%포인트)보다 두 배 정도 하락률이 높았다. 금리 상승에 이어 주가마저 하락하면 서울 강남 아파트 가격도 오름세를 이어가기는 힘들 것이다.

05

가상화폐와 코스닥은 보완관계

2018년 1월 이후 비트코인을 포함한 가상화폐 가격이 급락했다. 그리고 2월부터는 코스닥 지수도 큰 폭으로 하락했다. 과연 두 시장은 대체관계에 있는가 아니면 보완관계에 있는가? 〈국내 가상화폐 거래가 코스닥 시장에 미치는 영향: 비트코인을 중심으로〉•라는 논문에 따르면 비트코인과 코스닥 시장은 보완관계가 더 강한 것으로 나타났고, 비트코인 시장이 선행했다.

• 〈국내 가상화폐 거래가 코스닥 시장에 미치는 영향: 비트코인을 중심으로〉, 우수연, 서강대학교 경제대학원 석사논문(2018.6)

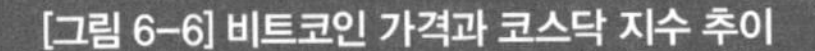

[그림 6-6] 비트코인 가격과 코스닥 지수 추이

▶ 자료: 한국거래소, 코인에스. 우수연(2018.6) 재인용

:: 비트코인 가격이 코스닥 지수에 선행 ::

우선 2015년 1월 5일부터 2018년 3월 16일까지의 데이터로 상관관계 분석을 해보면 비트코인 가격과 코스닥 지수 사이에는 동기의 상관계수가 0.64로 비교적 높게 나타났다. 즉, 두 시장의 가격이 상당히 높은 상관관계를 갖고 같은 방향으로 변동했다는 것이다. 그러나 시차상관계수를 구해보면 비트코인 가격이 코스닥 지수에 15일 선행(상관계수 0.69)한 것으로 분석되었다. 비

[표 6-2] 비트코인과 가격과 코스닥 지수의 그랜저 인과관계 검증

인과관계	F값	유의수준
비트코인 가격→ 코스닥 지수	3.656	0.003
코스닥 지수→ 비트코인 가격	2.922	0.013

▶ 분석 대상 기간 2015.1.5~2018.3.16, 시차는 5. 자료: 우수연(2018.6)

트코인 시장을 보면 가까운 미래의 코스닥 시장을 전망해볼 수 있다는 의미이다.

다음으로 두 시장 간에 인과관계가 있는지를 분석해보았는데, 그 결과가 [표 6-2]에 나타나 있다. 표에서 볼 수 있는 것처럼 양방향으로 인과관계가 있었다. 즉, 비트코인 가격이 상승(하락)하면 코스닥 지수도 상승(하락)했고, 그 역도 성립했다. 그러나 유의수준을 보면 비트코인 가격 변동이 코스닥 지수 변동을 더 잘 설명하는 것으로 나타났다.

:: 비트코인 거래량이 코스닥 거래량 설명 ::

이제 비트코인 거래량과 코스닥 거래량 사이에 어떤 관계가 있는지를 알아보자. 우선 두 변수 간의 상관계수를 구해보면 동기

[표 6-3] 비트코인과 코스닥 거래량 그랜저 인과관계 검증

인과관계	F값	유의수준
비트코인 거래량→ 코스닥 거래량	3.109	0.009
코스닥 거래량→ 비트코인 거래량	1.376	0.231

▶ 분석 대상 기간 2015.1.5~2018.3.16, 시차는 5. 자료: 우수연(2018.6)

에 0.32로 양의 관계가 있지만, 가격(0.64)보다는 상관관계가 약하게 나왔다. 시차상관계수를 구해보면 8일 전의 비트코인 거래량과 당일 코스닥 거래량과의 상관계수가 0.35로 가장 높게 나와, 가격과 마찬가지로 거래량에 있어서도 비트코인이 선행하는 것으로 나타났다.

인과관계를 보면 일방적으로 비트코인 거래량이 코스닥 거래량을 설명했던 것으로 분석되었다.

가격과 거래량 측면에 비트코인과 코스닥 시장이 거의 같은 방향으로 변동했다. 그러나 비트코인 시장이 코스닥 시장을 통계적으로 보다 더 유의하게 설명하고 있다. 코스닥 시장 참여자가 비트코인 시장을 같이 보아야 할 이유가 여기에 있는 것이다.

아내의 비트코인 투자*

내 아내가 2017년 12월부터 비트코인 투자를 시작했다. 보다 정확히는 가상화폐 투자인데, 비트코인이 가상화폐의 대명사가 되었기 때문에 가상화폐를 비트코인이라 부르도록 하겠다.

아내의 비트코인 투자 동기는 집값 급등에 있다. 지금은 대학에서 경제학을 가르치고 있지만 오랫동안 금융회사에서 이코노미스트로 일했던 나는 항상, 집은 '투자재'가 아니라 '소비재'이기 때문에 시간이 갈수록 그 가치가 떨어질 것이라 말해왔다. 김현미 국토교통부 장관은 "집은 사는 것이 아니라 사는 곳이다"라고 말했는데 이와 같은 맥락이라 하겠다. 남편의 이런 말을 믿고 아내는 이곳저곳에서 전세살이를 해왔다.

그런데 그 사이 집값이 급등해버렸다. 국민은행 통계에 따르면 최근 2년

* 시사저널(2018.1)에 실린 칼럼을 재정리한 것임

사이에 서울의 중간 크기의 아파트 가격(중앙값)이 5억 5000만 원에서 6억 9000만 원으로 26%나 올랐다. 강남의 경우에는 6억 4000만 원에서 8억 5000만으로 32% 뛰었다. 이코노미스트로서 남편의 신뢰는 추락했고, 매달 오르는 집값을 지켜보던 아내는 실망을 넘어 절망했다. 아내는 상대적 빈곤감과 허전함을 스스로 달래기 위해서 비트코인 투자를 시작한 것이다. 참고로 아내는 정부가 보장하는 한도 내에서 저축은행 문턱까지만 넘었을 뿐이다.

아내는 소액이지만 비트코인에 투자하면서 마음의 위안을 얻고 있는 듯하다. 공부도 계속하면서 이제 비트코인 투자를 해야 한다는 논리적 무장까지 하고 있다. "2008년 글로벌 금융위기를 극복하는 과정에서 전 세계가 엄청난 돈을 풀었는데 시간의 문제일 뿐 결국 인플레이션 시대가 올 것이다. 특히 미국 달러 가치가 떨어지면서 기축통화 역할을 할 수 없을 것이다. 그러나 비트코인은 발행량이 한정되어 안정적이다. 인터넷과 스마트폰으로 세계 어디서나 저렴한 수수료를 지불하고 거래할 수 있다. 블록체인(분산 네트워크형)을 기반으로 하고 있기 때문에 해킹당할 염려도 없다. 지폐가 발행될 때나 신용카드가 첫선을 보였을 때 누구도 처음에는 신뢰하지 않았다 등등…."

나는 이러한 아내에게 비트코인 투자를 더 늘리지 말라고 권유하고 있다. "화폐의 기능은 교환의 매개, 가치 저장 기능 혹은 척도인데 비트코인 가격 변동성이 너무 크기 때문에 현재 비트코인은 화폐가 아니라 일종의 공급이 비탄력적인 상품이다. 설사 비트코인이 살아남더라도 지금의 가격은 너무 높다. 결국은 정부가 디지털 화폐를 발행할 것이다. 디지털 화폐는 마이너스 명목금리도 가능하기 때문에 통화정책에 더 유용하다. 일본 정부가 소비를 늘리기 위해 가계에 상품권을 지급했는데 일부는 현금화했다. 중앙은행이 사용 기간이 일정한 디지털 화폐를 발행하면 가계는 다 쓸 수밖에 없다. 정부가 디지털 화폐를 발행하면 민간이 개발한 가상화폐는 사라질 것이다. 미국은 30센트 비용으로 100달러 지폐를 발행해 옷과 신발을 사고 무기를 생산해 세계 경찰 노릇을 하고 있는데, 기축통화란 그 특권을 포기하겠는가 등등…."

시간이 흘러 내 말이 맞을지 아내의 말이 맞을지는 두고 봐야 하겠지만 비트코인을 포함한 암호화폐의 향방은 당분간 각국의 주요 관심사가 될 것임에는 틀림없다. 어찌됐든 모쪼록 올 한해 집값이 안정되고 국민 모두가 각 분야에서 가치를 창조하는 일에 몰두할 수 있었으면 하는 바람이다.

7장

인구 고령화 시대의 자산 배분

01

인구 고령화와 자산 배분

국제통화기금IMF에서는 일본 인구의 고령화가 디플레이션을 초래했다는 연구 논문•을 낸 바 있다. 한국의 고령화 속도가 일본보다 더 빠르게 진행되고 있는 것을 고려해볼 때 중장기적으로는 각 경제주체가 디플레이션 가능성을 심각하게 고려하고 대응할 때이다.

• Derek Anderson, Dennis Botman, Ben Hunt. "Is Japan's Population Aging Deflationary?", IMF Working Paper, Aug. 2014.

:: 가계: 주택 수요 감소, 안전자산 선호 ::

인구 고령화는 다양한 측면에서 가계의 소비 행태에 영향을 줄 뿐만 아니라 거시적으로 생산성 감소를 통해 잠재성장률을 낮추고 나아가서는 디플레이션을 초래한다. 인구 고령화가 가계에 미치는 주요 영향을 보면 다음과 같다.

첫째, 나이가 들수록 가계는 상대적으로 작은 집을 찾는다. 이에 따라 주택 및 토지에 대한 수요가 줄고 가격이 하락한다. 특히 일본의 경우에는 1990년부터 35~55세 인구가 줄어들면서 주택 가격이 폭락했다.

둘째, 노인들은 안전자산을 찾아 투자하려는 성향이 있는데, 그 중에서도 안정성이 높은 국채를 선호한다. 따라서 국채 수요가 증가하면서 금리(국채수익률)가 하락한다. 이때는 가계 및 기업의 자금 수요 감소로 은행도 국채 투자 비중을 늘리면서 금리 하락 속도를 가속화시킨다.

셋째, 가계소비 지출 구성비도 달라진다. 인구의 고령화가 진전될수록 자동차 등 내구재에 대한 소비 지출은 상대적으로 줄고 의료 보건 등 서비스 지출이 늘어난다.

넷째, 인구 고령화 단계가 높아질수록 소비를 위해 해외 자산에 투자했던 자금을 환수해야 하고, 이에 따라 그 나라의 통화 가치가 오르게 된다. 인구의 고령화가 1990년대 엔화 가치 상승을 초래했던 중요한 요인이 된 것이다.

다섯째, 인구 고령화로 노동 참여율이 떨어지게 된다. 이는 생산의 가장 중요한 요소 중 하나인 노동 공급을 감소시켜 잠재성장률 하락을 초래한다. 또한 고령화로 내구재 소비 지출은 상대적으로 줄고 서비스 지출은 늘기 때문에 경제가 제조업보다는 서비스업 중심으로 성장할 가능성이 높다. 일반적으로 서비스업의 생산성은 제조업보다 낮아 총요소생산성 감소를 통해 잠재성장률이 떨어지게 된다.

이처럼 인구 고령화는 수요 측면에서는 소비 감소와 더불어 공급 측면에서는 노동 공급을 줄여 잠재성장률을 낮춘다. 또한 노인들은 인플레이션보다는 디플레이션을 더 좋아한다. 임금 소득이 없는 노인의 입장에서 인플레이션이 발생하면 가지고 있는 예금의 실질 구매력이 감소하고, 반대로 디플레이션일 경우는 구매력이 증가하기 때문이다. 실제로 앞서 언급한 IMF 보고서는 인구의 고령화가 시차를 두고 경제성장률과 물가를 떨어뜨린 것으로 분석하고 있다.

:: 기업: 고용 감소를 통해 디플레이션 악순환 초래 ::

물가가 일시적으로 하락한다면 가계의 실질소득이 증가하고 소비가 늘 수 있다. 그러나 물가가 지속적으로 하락하면 오히려 소비는 줄어들게 된다. 필수품이 아닐 경우 물가가 계속 떨어진다면 가계는 소비 지출을 미룰 것이기 때문이다. 그러면 기업의 매출이 감소하고 기업은 고용과 투자를 줄이게 된다. 이는 결국 가계소득 및 소비 지출 감소로 이어져 디플레이션을 더 심화시킨다. 이런 악순환을 막기 위해 일본 정부는 소비자물가상승률이 2%에 이를 때까지 무한정으로 통화 공급을 늘리기로 한 것이다. 이른바 '아베노믹스'의 핵심 정책이다.

한편 가계의 노후 소비를 위한 해외 자금 환수는 그 나라의 통화 가치를 상승시키게 된다. 고령화 초기에는 소비와 투자 등 내수가 위축되면서 수입이 줄고 무역(경상) 수지가 대폭의 흑자를 기록하게 된다. 상품 교역에서 벌어들인 돈은 결국 해외에 직접 투자나 금융상품 투자로 나간다. 그러나 나이가 더 들면 가계가 소비하기 위해 해외 자산을 매각한다. 그러면 자국 통화에 대한 수요가 늘면서 통화 가치가 상승한다. 이는 결국 기업의 수출가 격경쟁력을 저하시키게 된다. 따라서 기업은 고령화에 따르는 내수의 감소와 더불어 수출 위축으로 투자를 더 줄이고, 이는 가계의 노동 공급의 감소와 더불어 잠재성장률을 더 낮추게 된다.

:: 정부: 재정적자 확대 ::

한 나라의 인구가 고령화한다는 것은 세금 낼 사람은 줄고 정부로부터 사회보장을 받는 사람은 더 늘어나는 것을 의미한다. 따라서 세금은 줄어들고 정부 지출은 늘어 재정적자가 확대된다. 일본의 국가채무가 2016년 경상 국내총생산GDP 대비 230%를 넘어선 것은 바로 고령화의 결과인 것이다.

재정적자가 늘수록 재정으로 경기를 부양하는 데는 한계가 있다. 또한 정부는 재정 건전화 목표를 설정해야 하기 때문에 재정 지출은 상대적으로 줄어들고, 이는 인구 고령화에 따른 소비 및 투자 수요 감소 더불어 총수요를 감소시켜 디플레이션 압력을 더 심화시키게 된다.

그러나 정부부채가 지속할 수 없을 정도로 높은 수준일 때, 정부는 부채의 화폐화debt monetization를 통해 인플레이션을 유발시킬 수 있다. 이는 중앙은행이 화폐 발행을 통해 정부의 부채나 재정적자를 해소시키는 것을 의미한다. 월가의 대표적 비관론자 마크 파버 〈글룸 붐&둠Gloom, Boom&Doom〉 발행인은 일본 정부가 수년 내 부채의 화폐화를 시도할 것으로 보고, 이에 따라 엔화 가치가 대폭 하락할 것으로 전망하고 있다.

:: 한국, 세계에서 가장 빠른 속도로 고령 사회 진행 ::

통계청에 따르면 2017년 한국의 출생아 수는 35만 7700명으로 전년의 40만 6240명보다 12%나 줄었고 합계출산율은 1.05명으로 사상 최저치를 기록했다. 1970년대 초반에 매년 100만 명 이상의 아이가 태어났고, 합계출산율이 4.5명이었던 시절에는 상상조차 할 수 없었던 일이 벌어진 것이다.

반대로 기대수명(2016년 기준 남녀평균 82.4세)은 길어지다 보니 인구 고령화가 매우 빠른 속도로 진행되고 있다. 보통 65세 인구 비율이 7%일 때 고령화 사회에, 14%일 때를 고령 사회에 진입했다고 한다. 프랑스의 경우 고령화 사회에서 고령 사회로 가는데 126년이 걸렸고, 미국과 이탈리아는 그 기간이 각각 71년과 61년이었다.

출생아 수와 합계출산율 급격하게 하락

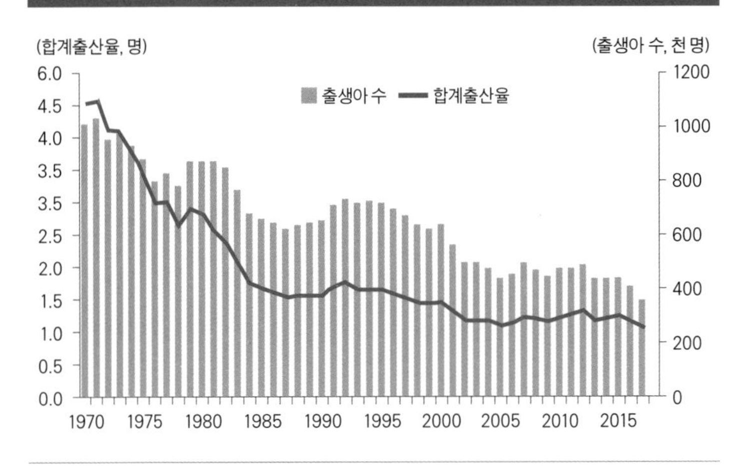

▶ 자료: 통계청

[표 7-1] 주요 선진국의 고령화 사회에서 고령 사회 도달 기간

구분	도달 연도			소요 연수	
	고령화 사회 (7%)	고령 사회 (14%)	초고령 사회 (20%)	고령 사회 도달 (7% → 14%)	초고령 사회 도달 (14% → 20%)
일본	1970	1994	2006	24년	12년
독일	1932	1974	2007	42년	33년
이탈리아	1927	1988	2009	61년	21년
미국	1942	2013	2029	71년	16년
프랑스	1864	1990	2019	126년	29년
한국	2000	2018	2026	18년	8년

▶ 자료: OECD, 통계청

세계에서 인구 고령화 속도가 가장 빨랐던 일본의 경우는 24년(1970~94) 사이에 인구 구조가 고령화 사회에서 고령 사회로 변모했다. 그런데 한국의 경우 고령화 속도가 일본보다 더 빠르다. 한국은 2000년에 65세 인구 비중이 7%를 넘어서면서 고령화 사회에 접어들었고, 2018년에는 14%에 이르면서 고령 사회에 도달하고 있다. 그 기간이 18년으로 세계에서 보기 드문 현상으로 기록될 것이다.

:: 중앙은행: 디플레이션 파이터가 돼야 ::

앞서 일본의 사례에서 살펴본 것처럼 인구의 고령화는 잠재성장률을 낮출 뿐만 아니라 디플레이션을 초래할 가능성이 높다. 앞으로 한국에서도 중요한 생산 요소 중 하나인 노동력 증가는 거의 없을 것이다. 여기다가 기업들이 이미 상당한 자본 스톡을 축적해놓았기 때문에 자본 투자도 크게 증가할 가능성이 낮다. 총요소생산성이 크게 증가하지 않는 한, 잠재성장률은 낮아질 수밖에 없다. 이미 한국의 잠재성장률은 3% 안팎으로 떨어진 것으로 추정된다.

한편 수요 측면에서도 인구 고령화는 자산 가격 하락과 더불어 소비를 위축시킨다. 이에 따른 경상수지 흑자와 가계의 해외투자 환수는 자국의 통화 가치 상승을 통해 수출을 감소시키게 된다. 총수요를 구성하는 소비와 수출이 위축되면 디플레이션 압력이 커질 것이다. 인구 고령화와 더불어 재정적자가 더욱 확대될 것이기 때문에 재정을 통한 경기 부양에도 한계가 있다. 그렇다면 단기적으로는 중앙은행이 통화정책을 보다 더 적극적으로 운용할 수밖에 없다.

중앙은행이 금리를 내릴 수 있는 데까지 인하하고, 더 나아가서는 양적 완화를 통해 디플레이션 파이터로 역할을 해야 하는 것이다. 물론 중장기적으로 규제 완화를 통해 소비, 특히 기업의 투자를 늘리고, 여성과 노인들의 노동 참여를 유도하고 나아가서는 필요한 해외 인력을 적극적으로 유치할 필요도 있다.

:: 원화 가치 상승 ::

2017년 이후 원화 가치가 상승하고 있다. 따지고 보면 이것도 인구 구조에서 그 원인을 찾을 수 있다. 앞서 살펴본 것처럼 인구 고령화로 소비와 투자 등 내수가 위축되면서 수입 증가세가 둔화되고 있다. 수출이 크게 늘지 않고 있는데도 경상(무역)수지가 대폭 흑자를 내고 있는 이유가 여기에 있다. 2015년에는 경상수지 흑자가 1059억 달러로 규모로는 사상 최대치를 기록했고 GDP 대비 7.7%로 매우 높았다. 2017년에는 경상수지 흑자가 785억 달러(GDP 대비 5.1%)로 다소 줄었지만, 여전히 흑자를 기록하고 있다.

경상수지 흑자는 구조적인 것이고, 이는 계속 원화 가치 상승으로 이어질 것이다. 지금 당장은 경상수지 흑자가 자본수지 적자로 이어지기 때문에 환율 하락 속도는 천천히 진행될 것이다. 그러나 본격적으로 고령 사회에 이르면 해외에 투자된 가계 자금이 환수되면서 환율 하락 속도는 더 빠르게 진행될 전망이다. 이는 수입 물가 하락을 통해 내수 위축으로 내재한 디플레이션 압력을 더 키울 것이다.

:: 금리 하락세 지속 ::

물가가 하락하면 금리도 떨어진다. 1997년 외환위기 이후 국내 저축률이 투자율을 넘어섰고, 자금 수요보다 공급이 많아 저금리 여건이 조성된 상태다. 여기다가 고령화한 가계의 안전자산 선호와 함께 은행도 대출 수요 부진으로 국채를 살 것이다. 또한 중국이 3조 달러가 넘는 외환보유액으로 우리 국채시장을 기웃거리고 있다. 머지않아 10년 만기 국채수익률이 1%대에 정착되고, 거듭 말했듯이 한국의 보험회사들은 어떻게 생존할 것인가를 심각하게 고민해야 할 상황에 놓일 것이다.

고령 사회에서는 주택과 주식 등 자산 가격도 상승하기 어렵다. 일본의 1990년처럼 한국도 주택의 주 구입자인 35~55세 인구 비중이 이미 2011년(34%)를 정점으로 하락하고 있다. 가계의 금융자산이 2017년 말 기준 3668조 원으로 크게 늘었으나, 주식 비중은 16.4%로 2007년(21.4%) 이후 낮아지는 추세에 있다.

[표 7-2] 한미일 개인의 금융자산 운용 비교

(단위: %)

	금융자산	현금 및 예금	채권	투자신탁	주식	보험 및 연금	기타
한국	3,668조 원 (3.42조 달러)	43.1	4.2	3.0	16.4	31.8	1.5
일본	1,880조 엔 (16.69조 달러)	51.1	1.3	5.8	11.2	27.7	2.9
미국	80.39조 달러	14.2	5.7	10.8	35.8	31.2	2.3

▶ 2017년 말 기준. 자료: 한국은행, 일본은행, The Federal Reserve Board, 자금순환계정

한국 가계가 금융자산의 35.8%를 주식으로 가지고 있는 미국 가계처럼 주식을 많이 산다면 주가가 큰 폭으로 상승할 수 있다. 그러나 일본 가계는 11% 정도를 주식으로 보유하고 있다. 한국 가계도 고령화가 진전되면서 안전자산 선호로 주식 비중이 더 낮아질 수 있다.

은행 예금금리가 거의 영(0) 퍼센트에 가까운데도 일본 가계가 금융자산의 51%를 은행에 맡기는 이유는 디플레이션으로 실질금리는 1% 이상이었기 때문이다. 또한 일본의 평균 상속 연령이 67세로 알려지고 있는데, 이는 고령화한 상속인들이 주식 등 위험상품보다는 안전자산을 선호하면서 은행에 돈을 맡기고 있는 결과이기도 하다. 이것이 바로 우리의 미래이다.

02

국민연금이 노후를 보장한다?

2013년 정부는 국민연금의 장기 수입과 지출 계획에서 국민연금 적립금이 2043년에 2562조 원을 정점으로 줄어들기 시작해 2060년에는 고갈될 것으로 전망했다. 그러나 경제성장 둔화와 더불어 기금운용수익률이 떨어지면서 정점과 고갈 시점이 같이 앞당겨질 가능성이 높아졌다. 결국 달라진 경제환경 변화를 고려해서 장기 계획을 다시 짜야 한다. 특히 국민연금의 수익률을 제고시킬 수 있는 다양한 방안을 모색해야 할 것이다.

:: 경제성장률 둔화로 국민연금 수익률도 낮아져 ::

국민연금의 수입은 보험료와 투자수익으로 구성되며, 보험료 수입은 경제성장에 의존한다. 정부는 장기 계획을 세우면서 우리 경제성장률을 너무 높게 설정했다. 예를 들면, 2015~2018년 연평균 명목 국내총생산GDP 증가율을 8% 정도로 잡았다. 그러나 2015~2017년 실제 명목 경제성장률은 5.2%로 목표치보다 훨씬 낮았고, 앞으로 우리 경제성장률은 더욱 낮아질 것이다.

내가 추정해보면 현재 우리나라 잠재성장률(실질 GDP 기준)은 2.9% 정도이다. 2016년 이후 우리 국채(10년)수익률이 2.2% 안팎에서 움직이고 있는데, 명목금리는 앞으로 기대되는 경제성장률과 물가상승률을 반영한다. 금융시장은 10년 후에는 한국 경제성장률이 1%대로 떨어질 것을 예상하고 있다. 경제성장률이 낮아지면 그만큼 보험료 수입도 떨어질 수밖에 없다. 경제성장률이 하락하면 국민연금을 내야 할 근로자의 임금상승률도 낮아지기 때문이다.

국민연금의 또 다른 수입원인 투자수익률도 점차 떨어지고 있다. 2000~2007년 국민연금의 연평균 운용수익률은 6.8%였는데, 글로벌 금융위기 이후(2008~2017년)에는 5.6%로 낮아졌다.

문제는 앞으로 기금운용수익률이 더 떨어질 가능성이 높다는 데 있다. 국민연금 수익률은 장기적으로 명목 GDP 성장률을 다소 밑돌고 있다. 예를 들면 2000~2017년 명목 GDP 성장률은 연평균 6.3%였는데, 국민연금 수익률은 6.1%로 0.2%포인트 낮았다. 이 책에 여러 번 언급한 것처럼 한국 경제는 구조적으로 저성장 저금리 국면에 접어들고 있다.

현재 한국의 잠재성장률이 3% 안팎으로 추정되는데, 5년 후에는 2%대 중반 10년 후에는 1%대 후반으로 낮아질 가능성이 높다. 1%대 중반의 물가상승률을 고려하면 명목 경제성장률은

[그림 7-2] 국민연금 자산운용수익률과 명목 GDP 성장률 비교

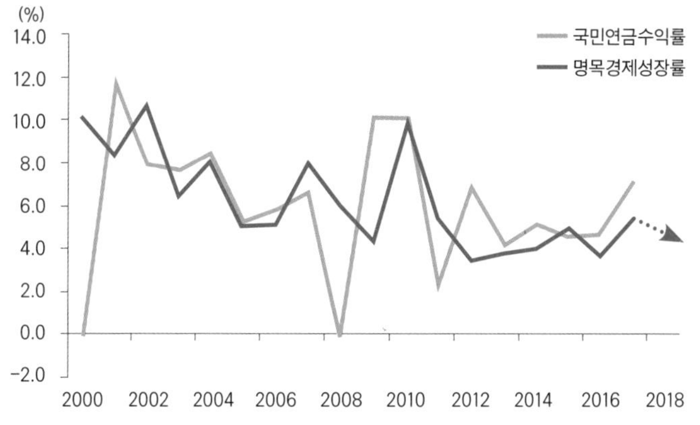

▶ 자료: 보건복지부, 한국은행

갈수록 4% 이하로 떨어질 것이다.

또한 앞서 금리 전망에서 살펴본 것처럼 시장금리는 추세적으로 하락할 가능성이 높다. 경제성장률과 물가상승률이 낮아지고 있는데다가 저축(자금 공급)이 투자(자금 수요)보다 높아 국민경제 전체적으로 자금이 남아돌고 기업의 자금 수요 위축에 따라 은행이 채권을 살 것이기 때문이다. 2017년 주가KOSPI는 삼성전자 등 일부 기업의 수익이 증가하면서 22% 상승했지만, 2008~2017년 연평균 상승률은 5.3%에 그쳤다. 앞으로 다가올 10년도 이를 넘어설 가능성은 낮다.

운용수익률 역시 하락 조짐이 나타나고 있다. 2018년 1~4월 국민연금의 수익률은 0.89%(연 1.66%)로 크게 하락했다. 미국의 금리 인상과 신흥국 금융시장의 불안, 더불어 미중 무역전쟁 등이 주가가 떨어지는 데 기인했다. 2020년까지는 이런 문제가 더 크게 나타나면서 운용수익률은 더욱 낮아질 가능성이 높다.

:: 기금 운용수익률 높여 고갈 시기 연장해야 ::

경제성장 둔화에 따라 보험료 수입이 예상치를 밑돌고 투자수익률이 하락하고 있기 때문에 국민연금 수입은 계획보다 줄어들 가능성이 매우 높아졌다. 그러나 인구 고령화의 급속한 진행과 근로자의 은퇴 증가로 연금 지급은 지속적으로 증가할 것이다. 이를 고려하면 국민연금 기금의 정점과 고갈 시기는 당초 예상보다 더 빨리 올 수 있다.

국민연금이 고갈되면 어떻게 해야 하는가? 우선은 정부가 재정으로 채워야 하고, 다음으로 직장에 다니는 근로자에게 보험료를 더 많이 부과해야 할 것이다. 그러나 둘 다 쉬운 문제는 아니다. 먼저 재정적자가 지속적으로 증가할 것이기 때문이다. 현재 우리 경제 상황을 보면 가계는 저축을 늘리고 기업은 투자를 줄이고 있다. 앞의 자금순환에서 살펴본 것처럼 기업마저 자금잉여주체로 전환할 조짐이 나타나고 있다.

가계가 저축을 늘리고 기업은 투자를 줄이다보니 다른 경제주체가 돈을 더 써야 한다. 정부가 돈을 더 쓸 수밖에 없는 상황인 것이다. 1990년대 들어서면서 일본에서 이런 상황이 발생하자 일본 정부는 적자재정을 통해 정부지출을 늘렸다. 그러나 재정이 생산성이 높은 곳에 지출되지 못한 결과, 일본 경제는 20년 이상 디플레이션 상태에 빠졌고 정부만 부실해졌다. 올해 일본의 정부부채가 GDP의 250%에 이르면서 '정부 파산'이라는 극단적 상황까지 우려되고 있다.

2016년 우리 정부의 부채는 GDP 대비 38%로 경제협력개발기구OECD의 평균인 115%보다 훨씬 낮다. 그러나 가계와 기업 저축의 증가로 정부는 계속 지출을 늘리게 될 것이다. 따라서 재정적자는 갈수록 확대될 가능성이 높다. 기획재정부 통계를 보면 최근 10년간 관리재정수지(통합재정수지에서 4대 사회보장성기금을 제외한 수지로 순재정 상황을 보여주는 지표) 추이를 보면 재정적자는 지속적으로 늘고 있다. 특히 박근혜 정부 출범 이후 3년(2013~15년) 동안 재정적자 규모가 95조 원을 넘어섰다. 이는 이명박 정부 5년 동안의 재정적자 합과 비슷한 수준이고, 노무현 정부 5년의 9배에 이르는 수치이다.

정부는 2019년 국가채무가 761조 원으로 GDP 대비 41%에 이를 것으로 전망하고 있는데, 갈수록 경제성장률이 낮아지고 사회보장성 지출은 늘어나 적자 규모는 이보다 훨씬 더 커질 가능성이 높다. 국민연금이 고갈될 2060년 무렵에는 우리나라 정부부채도 지금 선진국처럼 GDP의 100%를 크게 넘어설 전망이다. 국회예산정책처는 국가채무비율이 2060년에는 151.8%로 높아질 것으로 전망하고 있다. 이런 상황에서 국민연금을 정부 재원으로 보충할 여지는 크지 않다. 그렇다면 당시 직장에 다니는 근로자들이 보험료를 더 내야 할 것인데 이 역시 쉽지 않은 문제이다.

최근 맥킨지에서 의미 있는 보고서 하나가 나왔는데 여기에 따르면 25개 선진국 가계의 65~70%가 2005년에 비해 2014년의 실질소득이 줄었거나 같은 수준을 유지한 것으로 나타났다. 국가별로는 이탈리아 가계의 97%가 소득 감소를 경험했고 그다음으로 미국(81%), 영국(70%), 네덜란드(70%), 프랑스(63%) 순서였다.

맥킨지는 선진국 경제가 과거 성장 추세로 복귀하더라도 기계와 로봇이 일자리를 대체하면서 10년 후에도 30~40% 가계소득이 줄어들 것으로 전망했다. 한편 현재와 같은 경제 여건이 지속되면 2025년에 가계의 70~80%가 소득 감소를 경험해야 할 것으로 예상하면서, 자식 세대가 부모 세대보다 더 가난해질 수 있다고 지적한다.

아직까지는 우리 가계의 실질소득이 증가하고 있지만, 2060년을 내다보면 현재 선진국의 경험이 우리에게도 현실이 될 수 있다. 이런 상황에서 근로자들에게 연금보험료를 더 내라고 권유할 수 있겠는가? 2030년대 들어서는 국민연금 축소를 반대하는 노년층과 더 많은 보험료를 내야 하는 청(중)년층 사이에 심각한 충돌

[표 7-3] 국민연금의 기금 운용 추이

(단위: 조 원, %)

	2005	2010	2015	2016	2017	2018.3
금융자산	163.4	323.6	511.7	557.7	621.7	624.6
증가율	23.3	37.7	20.0	18.8	21.5	-
채권	141.5	215.1	290.2	302.6	312.7	316.1
비중	86.6	66.5	56.7	54.3	50.3	50.6
국내채권	129.5	215.9	268.6	279.3	289.4	292.6
비중	79.3	66.7	52.5	50.1	46.6	46.8
해외채권	12.0	13.3	21.6	23.2	23.3	23.6
비중	7.3	4.1	4.2	4.2	3.7	3.8
주식	20.4	54.9	164.8	188.0	239.8	239.7
비중	12.5	17.0	32.2	33.7	38.6	38.4
국내주식	19.7	55.0	94.9	102.4	131.5	131.1
비중	12.1	17.0	18.5	18.4	21.2	21.0
해외주식	0.7	19.9	69.9	85.7	108.3	108.7
비중	0.4	6.2	13.7	15.4	17.4	17.4
대체투자	0.8	18.9	54.7	63.7	66.8	66.9
비중	0.5	5.8	10.7	11.4	10.8	10.7

▶ 시가기준. 자료: 국민연금공단

이 있을 수 있다.

결국 국민연금 지급액을 낮출 수밖에 없는 상황이 올 것이다. 그러나 국민연금 기금운용수익률을 높여 그 시기를 지연시킬 수는 있다. 연금보험료와 지급액이 크게 변하지 않는다는 가정 하에 매년 기금운용수익률을 1%포인트 정도 올리면 국민연금 고갈 시기를 3년 정도 늦출 수 있다.

우리 금리는 더 떨어지고 주식시장은 조정을 보일 가능성이 높기 때문에 국민연금이 국내 증권시장에서는 높은 투자수익을 거두기 힘들다. 결국 해외 투자를 늘려야 할 것이다. 실제 데이터를 보면 국민연금은 해외 금융자산에 투자를 크게 늘리고 있다. 특히 운용자산 중 해외주식 비중이 2005년 0.4%에 불과했으나 2018년 3월에는 109조 원으로 전체 운용자산 625조 원 17.4%까지 높아졌다. 그만큼 국민연금을 운용하는 최고 책임자뿐만 아니라 펀드매니저는 글로벌 경제와 금융시장에 깊은 통찰력을 가져야 한다. 이들이 기금 운용수익률을 연간 1%포인트만 올릴 수 있다면, 국민연금 적립금이 6조 원 이상 늘어난다.

정부는 변화하는 경제환경을 고려하여 국민연금의 장기적인 재정 계획을 다시 짜고, 기금운용수익률을 높일 수 있도록 국내외 최고의 전문가를 찾아야 할 것이다. 특히 중국에서 금융으로 국부를 늘릴 기회가 올 것이기 때문에 이를 미리 대비해야 한다.

위기에 대비하는 10가지 조언

지금까지 살펴본 것처럼 앞으로 2020년 상반기까지는 중국과 미국 경제 중심으로 세계 경제가 침체에 빠지고 자산 가격이 급락할 가능성이 높아 보인다. 이 시기에 우리는 금융으로 개인 및 국가 전체의 부를 늘려야 할 것이다.

책을 마무리하면서 앞으로 다가올 어렵고 힘든 시기를 이겨내기 위한 몇 가지 조언을 남기고자 한다.

1. 앞으로 10년은 인플레이션보다는 디스인플레이션 혹은 디플레이션 시대다. 가능한 한 부채를 줄여야 한다.

2. 갈수록 부동산은 유동성이 떨어지는 자산이 될 것이다. 가

계의 자산 중 67% 정도가 부동산인데, 부동산 비중을 더 줄여야 한다. 그러나 고정소득이 나오는 임대 부동산에는 자산의 일부를 투자해도 좋다. 부동산 투자에서 가장 중요한 것은 '위치'다.

3. 집은 투자재가 아니라 소비재다. 집은 단지 사는 곳이다. 자동차는 타면 탈수록 그 가치가 떨어진다. 해가 바뀔 때마다 집도 감가상각을 해야 한다. 이제 투자 목적으로 집을 사지 말라. 전세제도는 점차 사라질 것이다

4. 금리는 2%대에서 장기적으로는 0%대로 떨어질 것이다. 금융자산의 30% 이상은 채권에 투자하는 것이 좋다. 특히 글로벌 금융시장이 매우 불안해질 2018년에 장기 국채를 사라. 2018년 이후에는 우량 회사채를 사는 것도 투자수익을 올릴 수 있는 좋은 방법이 될 것이다.

5. 주가는 일정 범위 내에서 조정을 보일 가능성이 높다. 변동성이 작고 배당금을 많이 지급하는 기업을 사라. 생명공학, 웨어러블 컴퓨터, 3D 프린터, 전기자동차 관련 기업에 관심

을 가져라.

6. 해외 주식도 포트폴리오에 담아라. 그러나 미국 등 일부 선진국 주가는 경기에 너무 앞서가고 있으며 2019년에 급락할 가능성이 높다. 2018년 이후에는 중국 기업에 투자해라. 중국 돈으로 중국에서 돈을 벌 기회를 찾아라.

7. 자산 가격 변동에 대비할 수 있는 헤지펀드에 투자 비중을 늘려라. 각종 ETF에 관심을 가져라. 특히 인버스 ETF를 적극 활용하라.

8. 달러 가치 하락으로 금 가격은 상승할 전망이다. 금 투자를 늘려라.

9. 금융회사들이 많이 사라질 것이다. 보험회사도 구조조정될 것이다. 거래 금융회사를 잘 선택해야 한다.

10. 자산 배분을 잘하는 전문가(은행이나 증권사 PB 등)의 도움을 받아라.